D1671682

Hajo Cassandro
Sag mir, wo die GRÜNEN steh'n

Kleine Bettlektüre für
Monique gegen schlaflose
Nächte.

Herzlichst, Hajo Cassandro
Pfingsten 2022

Hajo Cassandro

Sag mir, wo die GRÜNEN steh'n...

Sonnenblumen stechen nicht – Sonnenblumen
drehen sich!

Aus dem fiktiven Tagebuch der Annalena B.

Aufgespießt, manipuliert und kommentiert von
Hajo Cassandro

Dezember 2021

Impressum

Texte: © Copyright by Hajo Cassandro

Titelbild: Lars Teichmann: Sun-Flowers 2017
              Acryl und Lack auf Leinwand

Umschlag: © Copyright by Hajo Cassandro

Herausgeber:
Hajo Cassandro
c/o AutorenServices.de
Birkenallee 24
36037 Fulda

Druck: epubli – ein Service der Neopubli GmbH, Berlin

Die Deutsche Nationalbibliothek verzeichnet diese Publikation in der Nationalbibliographie; detaillierte bibliographische Daten sind im Internet über http://dnb.dnb.de abrufbar.

Danksagung

Mit Dank an meine Frau Marthe, die mich mit Rat, Widerspruch und Zustimmung bei Laune gehalten hat und an Ike und Olaf, die das Elend meiner analogen Texterstellung nicht mit ansehen konnten und daher selbstlos die Texttransformation ins Digitale und die Formatierung übernommen haben.

Inhaltsverzeichnis

Kanzlerträume 11

Das Orakel vom Kupfergraben 32

Glasgow Cop 26 60

Die Angst der Politiker vor 2030 75

Die apokalyptischen Reiter 121

   Hunger 123

   Hitze und Dürre 127

   Überschwemmungen 129

   Migration 131

Vor Sonnenuntergang 141

Kanzlerträume

Die letzten vier Wochen haben mich ganz schön mitgenommen. Ich habe nur Wahlkampf gemacht, bin zu nichts anderem gekommen, das schlaucht ganz schön. Kein Joggen, keine Wellness, nur Stress, um Stimmen für meine Partei zu werben. Zugegeben, ich mache es ja auch für mich, bin schließlich das Gesicht der Partei und Kandidatin für das Kanzleramt, so Gott und die Wähler wollen.

Früher war die Sonnenblume das allein sichtbare Logo der Partei; heute ist es ein Foto von mir - jung, frisch, unverbraucht. Zum Glück bin ich nicht blond, das erspart blöde Blondinen-Witze. Aber die kommen erst gar nicht auf, wenn man was in der Birne hat, das sieht man ja bei Manuela Sch., die trägt blondes Kurzhaar mit einer gewissen Würde und Ernsthaftigkeit und niemand hält sie für ein „Dummchen", ich schon gar nicht.

Auf den Wahlplakaten verschwimmen meine abgebildeten Parteikollegen im sanften Grünstich vor grünem Hintergrund, da geht „grün" vor Persönlichkeit. Mein Konterfei dagegen prangt in Original-Farbe, deutlich abgehoben vom grünen Hintergrund und für jeden sichtbar und wiedererkennbar an jeder Straßenecke.

Ich finde mich erstaunlich gut wiedergegeben, einfach geil. Jung und sexy kommt beim Wähler gut an, sagen unsere Werbeexperten; Männer mit Glatze hätten es viel schwerer, Aufmerksamkeit zu erlangen, sechzigjährige Politgreise auch. Christian Lindner weiß sehr wohl, warum er sich mit jugendlichem Dreitagebart ablichten lässt, da will er nicht hinter Robert zurückstehen.

Wer hätte das vor einem Jahr noch gedacht, dass ich

ernsthaft als Kanzler-Kandidatin gehandelt werde, dass man mir überhaupt rechnerisch eine Chance einräumt, an der Spitze einer Regierung zu stehen - vor der CDU und der SPD! Ich könnte ausflippen bei diesen Aussichten, aber seit dieser Textschnüffler mein Buch [1] nicht nach Inhalten und Aussagen sondern nach unzitierten Quellen durchkämmt hat, sind wir in der Wählergunst zurückgefallen.

Es ist zum Heulen und allein mein Fehler. Ich wollte das Buch rechtzeitig zum Wahlkampf auf dem Markt haben und entschied mich für Schnelligkeit vor Gründlichkeit, und ja, mancher kluger Gedanke sollte mein eigener sein und mich beschlagener aussehen lassen, als ich bin - shit happens!

Es ist schon bitter zu erfahren, wie schnell man in der Wählergunst abschmieren kann. Hoffen wir mal, dass der Wähler gnädig mit mir umgeht und am Sonntag Milde walten lässt. Bei Franziska [2] scheint es ja auch zu klappen, sie liegt unschlagbar vorne.

Morgen habe ich den letzten Wahlkampf-Auftritt in Düsseldorf und dann hilft nur noch beten oder Daumendrücken, am besten beides.

Freitag, 24. September 2021

Was für ein herrlicher Sommertag - blauer Himmel, warm und windstill und viele Fans auf dem Schadow-Platz in der Innenstadt von Düsseldorf. Die „Grünen" im goldenen Sonnenlicht - was für ein gutes Omen! Ich bin in Fahrt und spüre, wie die Anwesenden mitgehen. Ich bin nicht schrill, rede nicht akademisch abwägend sondern Klartext. Der Beifall der Umstehenden schien mir ehrlich zu sein und viele wünschten mir Glück für Sonntag - kann ich gut gebrauchen.

Den morgigen Tag brauche ich zu Erholung, denn der Wahlsonntag wird lang und wahrscheinlich ziehen sich die Feiern und Interviews bis weit nach Mitternacht hin. Werde mir bequeme Schuhe anziehen und einen leichten Hosenanzug. Gütiger Himmel, nach 16 Jahren Opposition endlich wieder mitregieren und vielleicht mit mir als Kanzlerin!! Freunde, das Leben ist lebenswert...

Sonnabend, 25. September 2021

Nach dem Frisör-Termin liege ich im bequemen Jogging-Anzug auf dem Sofa und döse vor mich hin. Ich könnte ein Sudoku oder ein Kreuzworträtsel lösen, aber mir gehen die Wahlplakate der anderen Parteien und ihre Parolen nicht aus dem Sinn, aber auch nicht unsere eigenen Plakattexte. Haben wir alles richtig gemacht, waren einige der anderen besser? Ich beneide die SPD mit der Aussage: Wer Olaf Scholz will, muss SPD wählen. Der Wahlkampf bei der SPD wurde voll auf die Person von Olaf Scholz abgestellt, der schon seit Monaten in Umfragen als beliebtester Politiker weit vorne liegt. Daneben sehen seine beiden Fraktionsvorsitzenden Esken und Walter-Borjans so blass aus, dass man sie lieber nicht abbildete

„Wer B. will, wählt die Grünen", das wäre doch ein geiler Spruch und das mit meinem Konterfei! Aber hätten wir diesen Satz als bewusstes, auffälliges Kontra gegen die SPD-Werbung benutzt, hätten wir mit Sicherheit eine einstweilige Verfügung an den Hals bekommen, diesen Konter zu unterlassen und gleichzeitig eine

Plagiats-Diskussion losgetreten, auf die wir nun wirklich keinen Bock mehr haben.

Unsere Aufforderung an den Wähler, „Kommt, wir ändern die Politik" würde ich heute auch anders formulieren. Was heißt das denn? Wir sind doch keine Änderungsschneiderei und fordern die Kundschaft auf, einzutreten, um sich ihre Garderobe nach unseren Vorstellungen ändern zu lassen. Der Kunde muss hingehen, überzeugt werden und dann auch noch für die Modernisierung kräftig bezahlen. Ich will ja schließlich jährlich 50 Mrd. Euro für grüne Politik - sprich Klimapolitik - ausgeben. Das kostet mehr als wir haben, da müssen alle ran, vor allem die Reichen. Was also so harmlos klingt ist doch in Wahrheit eine Einladung, Steuererhöhungen zu akzeptieren.

Mir hätte da viel besser ein Spruch gefallen, den ich auf einem Grabstein (!) in Süddeutschland fand: „Wolle die Wandlung". Nachdem ich diesen Spruch gegoogelt hatte, wusste ich, dass Rainer Maria Rilke diesen Ausspruch getan hat, aber er trifft mit seinen drei Worten haargenau unser Anliegen: wir, die Grünen, wollen den politischen Wandel und Dich, lieber Wähler, fordern wir auf, mitzumachen. Wir suggerieren ihm, dass er unzufrieden ist und bewusst oder unbewusst nach einer politischen Richtungsänderung verlangt. Und die liefern nur die „Grünen".

Wahlsonntag, 26. September 2021

Dieser Sonntag war ein Tag, den ich nie vergessen werde, den ich aber gerne vergessen machen möchte.

Dabei fing der Tag so schön an: Sonne, spätsommerliche Temperaturen, freundliche, gutgelaunte Menschen...die Welt ist schön!

Habe mit Daniel [3)] gefrühstückt, im „Tagesspiegel" geblättert und dann sind wir gemeinsam zu unserem Potsdamer Wahllokal gelaufen, in dem wir freundlich begrüßt wurden. Keine Warteschlangen, 2 Wahlboxen und den Ausweis wollte keiner sehen, die Wahlbenachrichtigung reichte.

Gerne hätte ich mir noch ein kurzes Mittagsschläfchen gegönnt, aber ich war zu aufgeregt und aufgedreht, also fuhren wir nach Berlin in unsere Parteizentrale. Die Avus wie immer voll, wir brauchten mehr als 45 Minuten. In der Innenstadt sahen wir an mehreren Wahllokalen beachtliche Warteschlangen - offenbar schlechte Organisation. Daniel grinste und sagte, Berlin sei eben nicht Potsdam....

In unserer Partei-Zentrale summte es wie in einem Bienenhaus. Es war nicht laut, aber hochtönig, keine Lachsalven, dafür angespannte Gesichter und eine spürbare Anspannung lagen in der Luft, man konnte sie mit Händen greifen.

Um 18:00 Uhr kommen die ersten Prognosen und dann die Hochrechnungen: 14% - mir wird schlecht, wir haben unser Ziel um eine volle Dekade verfehlt! Und ich hab's versemmelt. Der Geräuschpegel nähert sich null, man hört nur noch die Fernsehkommentatoren. Die Stimmung ist im Eimer, ich fühle mich von Blicken durchbohrt und wäre am liebsten im Erdboden versunken.

Mir schmeckt der Sekt nicht und auch kein Schnittchen. Mir zittern die Knie und ich fühle mich müde wie ein Hund, Robert steht reserviert mit ernstem Gesicht neben mir und ich kann mir gut vorstellen, was in seinem Kopf vorgeht. Nach außen hin vertritt er tapfer das „wir", aber im Innern denkt er, dass das Ergebnis anders ausgefallen wäre, mit ihm als Kanzlerkandidat.

Die Interviews mit den Wahlreportern gehen mir auf den Zeiger. Ich weise darauf hin, dass wir das beste Ergebnis, das wir je auf Bundesebene erzielt haben, eingefahren haben, werde aber sofort mit dem Einwand unterbrochen, das selbstgesteckte Ziel dennoch verfehlt zu haben. Robert steht neben mir, guckt ernst, aber nicht anklagend. Wir beide wissen, dass die Kanzlerschaft ausgeträumt ist. Auf meinen Hinweis, dass die Briefwähler noch gar nicht in den Hochrechnungen enthalten sind, ernte ich nur ein müdes Lächeln, als ob ich nicht selber wüsste, dass sich auch dann nichts Entscheidendes verändert.

Jetzt rächen sich die kleinen Lässlichkeiten, die ich weglächeln wollte und die Robert nicht amüsant fand. In der kommenden Fehleranalyse wird es ein Scherbengericht geben, dessen Ausgang weit weniger ungewiss ist, als der heutige Wahlgang. Sie werden mir meinen aufgehübschten Lebenslauf vorwerfen und die nachgemeldeten Einkünfte und meine vergessenen Quellenangaben in meinem Buch. Hätten wir unser Wahlziel erreicht, dann wäre das alles Schnee von gestern, aber jetzt, nach dem enttäuschendem Ergebnis, werden schon die Steine gesammelt, die mich treffen sollen... what a difference a day makes... Ich schwitze, habe eine trockene Kehle und dicke Füße.

Hochrechnungen der abgegebenen Stimmen für das

Berliner Abgeordnetenhaus zeigen plötzlich ein Abrutschen von Franziska auf Platz zwei hinter den Grünen, wo sie doch als haushohe Gewinnerin der Wahl und künftige Regierende Bürgermeisterin gehandelt wurde. Die Grünen mit Bettina Jarosch liegen vorne, und sie kann ihr Glück kaum fassen. Wer hätte je damit gerechnet? Ich versemmel alles auf Bundesebene und Bettina strahlt über alle Backen über ihren unerwarteten Erfolg mit „mehr Bullerbü" für Berlin.

Hätte ich die in mich gesetzten Erwartungen erfüllt, könnte auch ich mich über den Sieg von Bettina ehrlich freuen, aber so? Ich, die ich die Politik gründlich aufmischen wollte, stehe da mit leeren Händen, alles verloren und das nicht durch die Schuld anderer, es ist zum Heulen!

Wie durch eine Glaswand werde ich wohl mitansehen müssen, wie Bettina grüne Politik im Berliner Senat betreibt, den Schlachtensee entschlammt, im Grunewald werbewirksam Bäume pflanzen lässt und das Kopfsteinpflaster auf den Berliner Straßen von Asphalt befreit, damit keiner schneller als 30 km/h darüber rumpelt. Aus Mitleid bietet sie mir den Posten als Kleingarten-Beauftragte an, das ist wie eine Strafversetzung.

Ich wundere mich, wie locker und unaufgeregt Franziska die sensationslüsternen Reporter abfertigt, die den Sturz der Favoritin live übertragen wollen. Sie beschied ihnen, nichts sei entschieden, die Briefwahl wird den Ausschlag geben und zwar eindeutig für die SPD. Das sagt sie mit einer Sicherheit, als ob sie das Ergebnis schon kennt. Wie sich später herausstellt, sollte sie Recht behalten - Franziska im Glück!

Unser Paradiesvogel Claudia Roth hat ihr sonniges

Gemüt und die gute Laune behalten. Sie legt fetzige Vinyl- Platten auf, kugelt sich durch die Menge und hat mich tröstend in den Arm genommen, dafür bin ich ihr dankbar.

Nächste Woche brauche ich einen politischen Psychotherapeuten - ich fühle mich erschöpft, leer und überflüssig, wie ein Schauspieler nach einer miserablen Performance ohne Applaus.

Montag, 27. September 2021

Man tuschelt, Robert solle im Falle einer künftigen Koalition den Posten des Vizekanzlers einfordern. Und was wird aus mir? Aber Robert schweigt dazu und lässt sich nicht in die Karten schauen, aber dass sie besser sind als meine, weiß wohl inzwischen jeder. Er hat in seinem Flensburger Wahlkreis mit 28% das Direktmandat erobert, ich dagegen musste in Potsdam gegen Olaf Scholz antreten und habe erwartungsgemäß verloren. Robert sagt tapfer, wir seien b e i d e Parteivorsitzende und werden daher anstehende Koalitionsverhandlungen gemeinsam führen und nach außen geschlossen auftreten. Gut, aber was kommt dann? Vielleicht seine Forderung: „Komm, lass uns die Strategie ändern, einer an der Spitze ist effizienter als zwei." What a difference a day makes... Vor zwei Tagen noch Kanzlerkandidatin, heute ohne Perspektive!

Dienstag, 28. September 2021

Ein grauer Tag, hatte keine Lust, früh aufzustehen. Daniel ist besorgt um mich und macht mir Frühstück.

Es bleibt keine Zeit, trüben Gedanken nachzuhängen, schon am Mittag steht die Begrüßung der neuen grünen Abgeordneten an, im Reichstag. Wir haben jetzt eine Fraktionsstärke von 118 Abgeordneten, vorher waren es „nur" 67.

Das Fraktionstreffen mit den „Neuen" verlief harmonisch bei Kaffee und Häppchen. Aufgeregtes Diskussionsthema war die Frage, wer hat der FAZ die Nachricht auf den Tisch gelegt, dass Robert Habeck Vizekanzler in der künftigen Regierung wird. Was ich denn dazu sage, werde ich bedrängt, da hilft es mir sehr aus der Verlegenheit, dass eine Kollegin mir beispringt und aus der neuen Spiegel-Ausgabe den Jürgen [4] zitiert, dass die Partei und nicht zwei Personen in persönlichen Gesprächen darüber entscheidet, wer welches Amt bekleiden wird.

Katrin [5] ist auf der gleichen Linie und sagt vor versammelter Fraktion, dass wir gemeinsam, also ich und Robert, die Sondierungs- und Koalitionsgespräche führen werden und über Personalfragen erst dann entschieden wird, wenn die Koalition steht. Robert pflichtet ihr bei und sagt, dass am Ende aller Sondierungsgespräche, die nicht in ihrer Schwierigkeit zu unterschätzen sind, ein Parteitag oder eine Mitgliederbefragung entscheiden wird, und nicht er mit mir.

Was mich überrascht hat ist sein öffentliches Statement, dass die Partei „in 100-prozentiger Geschlossenheit" hinter mir stehe. Das ist Balsam auf meine geschundene Seele! Sehr anständig von ihm; hätte ich ihm gar nicht zugetraut.

Am Abend fand das erste Sondierungsgespräch zwischen uns und der FDP statt. Robert hat es mit Christian

Lindner abgesprochen. Alles geheim, nichts darf nach außen dringen: der Ort ist geheim, der Inhalt geheim, wir fahren inkognito. Es dürfen keine Handy mitgenommen und es darf nichts aufgezeichnet werden. Anschließend dürfen keine Interviews gegeben werden und es ist Stillschweigen gegenüber jedermann verabredet, auch der Ehepartner fällt darunter.

Diese krasse Geheimhaltung unter uns vieren [6)] erinnert mich an die „Geheime Konferenz" unter der österreichischen Kaiserin Maria Theresia. Das war eine Art von Ministerrat, der aber nichts zu sagen hatte. Sechs alte Männer zwischen 60 und 80 Jahren durften Vorschläge unterbreiten, die aber von der Kaiserin meistens ignoriert wurden. Dagegen ist unser Geheimteam ein wahrer Jungbrunnen, mit der Lizenz, politische Weichen zu stellen.

Um was es gehen wird, ist unschwer zu erraten: Bevor über eine Jamaika- oder Ampel-Koalition verhandelt wird, wollen wir ausloten, was uns vereint und was uns trennt. Wir wollen klarstellen, dass Grüne und FDP über mehr Abgeordnete zusammen verfügen, als CDU oder SPD. Weder CDU noch SPD sind Herren des Verfahrens, sondern wir, wenn wir zusammenhalten.

Das erfordert natürlich absolute Ehrlichkeit zwischen uns vieren, mit Tricksereien lässt sich kein Vertrauensverhältnis herstellen bzw. stabilisieren. Wir alle dürfen die historische Chance, einen Neuanfang in der deutschen Politik einzuläuten, nicht leichtsinnig verspielen. Daher haben wir uns vorgenommen, ruhig und sachlich Argumente auszutauschen mit dem nötigen Respekt vor anderen Meinungen.

Sollten schon Planspiele eingeleitet werden, welche

Ministerien unter unserem Einfluss stehen sollten, so hätte ich mir schon ein paar Gedanken gemacht: Ich gehe mal von einer Ampelkoalition aus mit 15 Ministerien; 8 für die SPD und 7 für FDP/Grüne.

Es ist ja kein Geheimnis, dass Robert gerne das Finanzministerium leiten würde, aber daran ist auch Christian interessiert. Das wird noch ein spannendes Tauziehen werden. Wenn wir für unsere Klimapolitik 50 Mrd. Euro jährlich ausgeben wollen, dann wäre es sehr hilfreich, auch das Finanzministerium zu beherrschen und die FDP bekäme das Wirtschaftsministerium. Aber da wird wohl die SPD nicht mitspielen und Christian wird Außenminister.

Für uns Grünen sollten 4 Ministerien herausspringen, für die FDP 3, schließlich haben wir deutlich zugelegt, das muss auch nach außen sichtbar werden.
Meinen Vorschlag habe ich im Kopf:

Grüne: Klima und Umwelt, vielleicht auch das Außenministerium.
FDP: Wirtschaft oder Arbeit, Finanzen und Technik.
SPD: Innenpolitik, Verteidigung, Justiz, Verkehr, Gesundheit und Familie.

Am Freitag wollen wir noch mal in größerer Runde - 10 zu 10 - tagen, um die Inhalte zu vertiefen, am Samstag will die CDU mit der FDP ins Gespräch kommen und am Sonntag will die SPD erst mit uns Grünen und dann mit der FDP sprechen. [6]

Olaf Scholz ist ein schlauer Fuchs, hat sich was von Napoleon abgeschaut, der hat seine Schlachten vor allem mit der Taktik gewonnen, verbündete Feinde n a c h einander zu versohlen. Wir müssen aufpassen, dass keiner der „Großen" versucht, uns auseinanderzudividieren - nur gemeinsam sind wir stark und vielleicht sogar unschlagbar!

Sollte die FDP dennoch bei der Union schwach werden und Jamaika favorisieren, dann würden wir uns das teuer bezahlen lassen; wir hätten zudem das entscheidende Ass im Ärmel, indem wir mit rot - rot - grün drohen könnten.

Ein kleiner Parteitag am Wochenende soll einen Fahrplan für Sondierungsgespräche mit den „Großen" beschließen. Unsere Fraktionsvorsitzende hat sich schon weit aus dem Fenster gelehnt, und die SPD als geeigneten Koalitionspartner festgelegt; die CDU zerlege sich gerade selbst und außerdem würde es unter den Parteimitgliedern einen Aufschrei und bei den Grün-Wählern Kopfschütteln und Unverständnis hervorrufen, wenn wir uns auf eine Jamaika-Koalition einlassen würden. Merkels Abgang ist noch lange kein politischer Neuanfang, den doch alle wollen.

Donnerstag, 30. September 2021

Es ist eine Sauerei, wie man mit Laschet momentan umgeht. Ob CDU oder CSU- beide führen das christliche „C" in ihrem Parteinamen - alle werfen sie Steine auf Armin und geben ihm die Alleinschuld für das Wahlergebnis der CDU am vergangenen Sonntag. Und alle sagen, Laschet war doch von Anfang an der falsche Kandidat und rechnen mit ihm ab. Am meisten hackt Söder auf den angeschlagenen Armin herum, nachdem er ihn vorher als Schlafwagen-Wahlkämpfer geschmäht hat.

Dabei hat die CSU in Bayern auch mächtig Federn lassen müssen und ein wenig schmeichelhaftes Ergebnis eingefahren, das man nicht Laschet anlasten kann, sondern eher dem untalentiertem CSU-Verkehrsminister Dobrindt.

Die FAZ hat am 30. September eine fast halbseitige Anzeige von 200.000 Bürgern geschaltet, an uns Grüne und an Lindner gerichtet, mit der Aufforderung, die Union in die Opposition zu schicken. Wir sollen verhindern, dass Laschet Kanzler wird: „Hieven Sie den Wahlverlierer Armin Laschet nicht ins Kanzleramt". Dass sich die doch konservative FAZ dafür hergibt - aber da sieht man's wieder: Moral und Anstand ist die eine Seite der Münze und Geld die andere.

Noch schlimmer sind die Entgleisungen auf einem Wahlplakat der CDU in Düsseldorf. Jetzt rächt sich die Unsitte, vor der Wahl blitzschnell die Wahlplakate und Tafeln an den Straßenrändern aufzustellen, sich mit dem Abbau nach der Wahl aber wochenlang Zeit zu lassen. So können enttäuschte Wähler durch Schmierereien ihren Frust abbauen und für eine Weile die Öffentlichkeit daran teilhaben lassen:

Die CDU hatte ein ziemlich großes Wahlplakat in Schwarztönen mit dem Kopf von Armin Laschet aufgestellt, darunter den weit sichtbaren Text „Entschlossen für Deutschland". Abgesehen davon, dass mich der Satz an einen alten Film mit Willi Birgel „Reitet für Deutschland" erinnert, konnte ich mir nicht vorstellen, dass diese Parole unentschlossene Wähler scharenweise zur CDU treibt. Jetzt haben Schmierfinken doch einige Textbuchstaben geschwärzt, mit dem Ergebnis, dass jedem vorbeifahrendem Autofahrer und allen Fahrgästen in der Straßenbahn die Aussage ins Gesicht springt: „Erschossen für Deutschland".

Freitag, 1. Oktober 2021

Heute war das „Klassentreffen" mit der Delegation von der FDP. Jede Partei ernannte 10 „Auserwählte", Treffpunkt war ein modernes Bürohaus am Bahnhof Zoo, und man begab sich nicht in Mannschaftsstärke dorthin, sondern einzeln oder paarweise, locker, unaufgeregt und ohne Heimlichkeiten durch den Haupteingang. Die Neugierigen vor der Drehtür wurden angelächelt und deren naseweisen Fragen weggelächelt.

Interessanter wird es, wenn wir hier wieder 'rauskommen. Dann stehen Profis vor der Tür und wollen Ergebnisse hören oder zumindest ein Zeichen wie nach der Papst-Wahl in der Sixtinischen Kapelle, aber wir hatten uns vorher zum Stillschweigen verpflichtet und alle haben sich auch daran gehalten. Die Stimmung in unserem abhörsichern Konferenzraum war heiter und kein bisschen wolkig. Lebhaft wie in einem Klassenzimmer, bevor die Schulglocke den Unterricht einläutet.

Jedem schaute die Vorfreude, heute dabei sein zu dürfen, aus den Knopflöchern.

Wir trafen uns ungezwungen im Freizeitlook, ohne Krawatte, aber auch ohne Lockenwickler. Volker Wissing in Lederjacke, Robert unrasiert. Bei Anton Hofreiter hatte ich den Eindruck, dass seine Haare weder gewaschen noch geföhnt waren, aber ich kann mich auch täuschen, vielleicht sah er auch nur etwas arg zerzaust aus. Nach kurzer, gegenseitigen Vorstellung nahmen wir am runden Tisch Platz und wurden durch eine kleine

Aufmerksamkeit der FDP überrascht: auf jedem Platz lag ein etwa 10 x 10 cm großer silbern/blauer Bierdeckel, der sich als Stoffstück aus Christos Umhüllungskunstwerk am Pariser Arc de Triomphe herausstellte, mit dem Aufdruck „allways remember the end of september". Mein Himmel, was für ein genialer Einfall: Kein Partei-Logo, kein politisches Statement, aber ein Hauch von Kultur und Europa, was wir als Erinnerung an diesen historischen Tag mit nach Hause nehmen durften.

Robert dankte für diese Überraschung und eröffnete die „Sitzung" mit den Worten, dass es hier und heute darum gehe, Gemeinsamkeiten auszuloten und dann erst Trennendes zu definieren.

Und er betonte, den gegenseitigen Respekt nicht zu vergessen und Empathie zu zeigen - wir seien nicht zum Schaulaufen hier sondern Weichensteller für eine neue politische Ära. Logisch, dass wir damit eine große gemeinsame Verantwortung tragen. Christian pflichtete dem bei und hob hervor, es sei schon bemerkenswert, dass unser Verhandlungswillen vor dem Hintergrund, neue politische Wege zu gehen, uns „Kleinen" nun die Chance und die Macht gibt, die „Großen" zu Konsultationen zu bitten, und zwar nach unserer Zeitvorgabe und unserer Reihenfolge. Wir sind nicht die Passiven, sondern die Aktiven. Die „Großen" können erstmal nur abwarten und zuschauen, wie wir die Waffen schärfen. Und sie werden darüber nachdenken und räsonieren, wo sie überall nachgeben müssen, nur um mit uns regieren zu dürfen.

Wissing bringt die Runde zum Lachen, als er beim Ausloten unserer Gemeinsamkeiten frotzelt „Grün ist doch nur euer Stängel, euer strahlendes Gesicht zeigt doch mehr gelb als grün". Dabei schaut er mich herausfordern an und ich spüre leichte Verlegenheit. Nicht schlecht und guter Start, dachte ich und parierte trocken, grün sei die Hoffnung und wer grün trägt, wird als großzügig wahrgenommen, daran fehlt es bei euch etwas und im Übrigen steht euer stolzes gelb für Neid. Gelächter und der Startschuss für die Abarbeitung der anstehenden Themen war gefallen.

Dass das Tempolimit auf deutschen Autobahnen so viel Zeit in Anspruch nehmen würde, und viel Emotionen auslöste, hat mich doch überrascht. Spielzeuge der Männer, die Ladies hielten sich zurück; es war ein Armdrücken zwischen Robert und Christian. Ich hörte, wie Anton Hofreiter ziemlich humorlos dem Christian zurief: Erinnere Dich mal an euer eigenes Wahlplakat mit dem Spruch „Wie es ist, darf es nicht bleiben!". Das gilt auch für euer „Nein" zum Tempolimit!

Christian presste die Lippen zusammen, aber man konnte ihm anmerken, dass er sich getroffen fühlte. Jemand von uns Grünen wies darauf hin, dass unser Konsens bei der Mindestlohnformel auch hilfreich beim Tempolimit sein könnte, nämlich in Etappen vorzugehen, d.h., freie Fahrt wo möglich, aber nicht schneller als 180 km/h. Nach zwei Jahren Erfahrungen mit der Höchstgeschwindigkeit wird Limit 160 km/h eingeführt und wenn schließlich alle ein E-Auto fahren, dann ist bei 140 km/h Schluss, denn schneller wird man kaum fahren können, will man nicht alle 2 Stunden zum Nachladen rausfahren und verliert dadurch mehr an Zeit als mit Schnellfahren gewonnen wird. Nun weiß ich ja, dass Christian Porschefahrer und gerne sportlich unterwegs ist. Und da freiwillig auf ein Tempolimit einzugehen, käme einer Selbstentmannung gleich. Auf der anderen Seite kann er nicht seine persönliche Geschwindigkeitsvorliebe offen ins Spiel bringen, das wäre egoistischer Egoismus und in dieser Runde unangebracht. Claudia entspannte die Situation mit ihrer Bemerkung, wenn er, Christian, Minister werden sollte, dann würde er eh einen Dienstwagen mit Chauffeur fahren, vielleicht einen neutralen Volvo, der bei 180 km/h automatisch abgeriegelt ist. Damit wäre er Vorbild und die Geschwindigkeitsabriegelung setzt sich in Deutschland durch. Wenn er nach einer glücklichen Legislaturperiode zum zweiten Mal Minister wird, sei er reifer, hat Familie und fährt einen Bentley mit großem Kofferraum und gleitet mit 160 km/h über die Autobahn. Und 2030 kommt Tempo 140 und das wäre doch ein gesunder Kompromiss, wobei er werbewirksam zum Klimaschutz beitrage, indem er seinen CO_2 -Verbrauch signifikant senke.

Christian zeigte sich nachdenklich. Offenbar hatte er die Kröte geschluckt, zumindest würgte er sichtbar daran, ohne sie gleich auszuspucken...

Wir gingen schließlich, nachdem alle wichtigen Themen erörtert waren, so heiter auseinander, wie wir 'reingekommen waren. Es war keine fröhliche Polonaise, aber auch kein getrennter überschaubarer Abmarsch, eher das Auseinandergehen einer Schulklasse nach dem erlösenden Klingelzeichen zum Unterrichtsschluss.

Draußen wartete die Presse und lauerte auf Futter, aber das gaben wir ihr nicht. Alle hielten dicht. Robert und Christian, die Verhandlungsführer, schafften es, mit ernster, wichtiger Mine anzusetzen, so wie Genscher nach dem Mauerfall auf dem Balkon der deutschen Botschaft in Prag, indem sie sagten, „wir sind gekommen, um Ihnen mitzuteilen...",dass wir am kommenden Wochenende folgende Termine in folgender Reihenfolge für Sondierungsgespräche mit der SPD und CDU abgesprochen haben. Die Presse war enttäuscht, interessierte sie sich doch nur für die Frage „Ampel oder Jamaika". Aber diese Frage entscheiden bei uns nicht die Vorsitzenden, sondern unsere Mitglieder auf einem Parteitag

Samstag, 2. Oktober 2021

Wir nehmen Fahrt auf: gestern das „Klassentreffen" am Zoo, heute der kleine Parteitag in Moabit. 100 Delegierte sind aufgefordert, mitzuentscheiden, ob mit der SPD oder der CDU eine Regierung gebildet werden soll. Unter dem Tagungspunkt „Auswertung Bundestagswahlkampf" erwarte ich einen mittleren Shitstorm wegen meines unerwartet schlechten Abschneidens. Wieder habe ich einen flauen Magen, wieder schlecht geschlafen und wieder Ränder unter den Augen. Umso mehr war ich überrascht, als mich bei meinem Eintritt in den Tagungssaal alle Delegierten mit Standing Ovations begrüßten, um nicht zu sagen bejubelten. Ich bekam feuchte Augen, mein Puls hämmerte, die Blässe wich und meine gedrückte Stimmung war verflogen. Wer hätte das gedacht und nicht ein Redner brachte mich an den Rand der Verlegenheit oder stellte mich bloß - im Gegenteil: Jürgen [7] schmetterte im Brustton der Überzeugung, ich sei Opfer und nicht Täter und habe höchsten Respekt verdient, denn ich sei angegriffen worden und hätte eine „frauenfeindliche Kampagne" auszuhalten gehabt.

Dass ich mit knapp 15% das Wahlziel der Grünen bei weitem nicht erreicht hatte, wurde mir nicht aufs Brot geschmiert. Stattdessen wurde das „beste Ergebnis in unserer Geschichte" herausgestellt und beklatscht.

Niemand verschwendete die Zeit für Rückblenden, wenn wir mal unseren selbstkritischen Bundesgeschäftsführer [8] ausklammern; alle blickten motiviert und zuversichtlich nach vorne. Das Sondierungsteam bekommt freie Hand zum Verhandeln sowohl mit SPD als auch mit der CDU. Selbst die Frage nach dem künftigen Vizekanzler ist kein Thema. Wir sind uns einig, dass Disziplin z.Zt. das oberste Gebot ist, wir wollen und müssen nach außen geschlossen auftreten, wenn wir das Maximum aus unserem Wahlergebnis herausholen wollen. Aus diesem Grund werden auch keine Zwischenergebnisse nach außen kommuniziert.

Sonntag, 5. Oktober 2021

Heute erste Sondierungsgespräche mit der SPD, am Dienstag mit der CDU, dann sehen wir weiter.

Mittwoch, 6. Oktober 2021

Nachdem Söder nochmals nachgetreten und die Wahlniederlage der Union voll auf Armin Laschet abgewälzt hat, legt er noch einen drauf und kritisiert eingeschnappt, dass sich die Jamaikakoalition wohl erledigt habe.

Unser Sondierungsteam ist mit unserem Parteivorstand übereingekommen, nun gemeinsam mit FDP und

SPD weiter zu verhandeln. Die größten inhaltlichen Schnittmengen seien in dieser Kombination zu finden. Das sei aber noch keine Aufkündigung einer Jamaikakoalition - kleiner Wink mit dem Zaunpfahl an die SPD, sich nicht stärker aufzublasen, als sie sind.

Donnerstag, 7. Oktober 2021

Haben uns mit SPD und FDP im City-Cube am Funkturm getroffen, um über die Bildung einer Ampelkoalition zu beraten. Die Stimmung war sachlich - unaufgeregt. Habe das Gefühl, wir bekommen die „Deutsche Ampelsynphonie No 1" noch vor Dezember zur Aufführung. Die Proben mit den Solisten sind vielversprechend.

Erst Mitte nächster Woche ist abermals ein Treffen geplant. Zeit genug für jede beteiligte Partei, das bisher Besprochene in den jeweiligen Gremien zu bewerten und zu diskutieren. Ich freue mich auf ein freies Wochenende, es sind ja 3 bis 4 spätsommerlich sonnige Tage vorhergesagt, da fällt bestimmt ein Spaziergang mit Daniel um den Heiligen See ab. Außerdem will ich mir ein Paar rotbraune Schaftstiefel für den Herbst kaufen; hab' ich verdient nach all dem Stress.

Das Orakel vom Kupfergraben

<u>Freitag, 8. Oktober 2021</u>

Mein Büro erreicht ein Anruf der Bundeskanzlerin; sie bittet um baldigen Rückruf, wenn es meine Zeit zulässt.

Ich bin überrascht und auch irritiert, was kann sie von mir wollen? Sie war ja gerade in Rom und hat sich da zum 5. oder 6. Mal mit dem Papst getroffen, für eine evangelische Pfarrerstochter eine sensationelle Entwicklung. Sie will doch wohl nicht konvertieren und ausgerechnet mir das mitteilen?

Mit Draghi hat sie sich auch getroffen, aber das kann Tarnung sein, ich sehe jedenfalls keinen Sinn, mich deswegen sprechen zu wollen. Aber warum drängt sie auf baldigen Rückruf? Die gute Frau hat's zurzeit auch nicht leicht. Man wirft ihr mangelnde Unterstützung des CDU-Kanzlerkandidaten A. Laschet vor und macht sie für das schlechte Abschneiden ihrer Partei bei der Bundestagswahl verantwortlich. Aber sie ist nicht die Frau, die vor Konfrontationen wegläuft, um beim Papst Ablenkung oder Trost zu suchen. Auch für eine unverbindliche Auskunft, ob dereinst eine Grablegung in den vatikanischen Gärten möglich sei, gibt es keine belastbaren Anhaltspunkte.

Im Übrigen wäre es vermessen zu behaupten, dass ganz Italien Frau Merkel lieben und umarmen würde. Die FAZ [9)] veröffentlichte kürzlich wenig schmeichelhafte Schmähworte der italienischen Rechten gegen Merkel in Berlusconi's „Giornale“:

Ciao ciao culona (Tschüss, Riesenarsch)
Vaffan, Merkel (leck mich, Merkel)

Solche Worte unterhalb der Gürtellinie hätten in

Deutschland ein juristisches Nachspiel und einen Sturm der Entrüstung ausgelöst - in Italien sieht man darin lässliche Temperamentsausbrüche.

Ich spreche darüber mit Daniel und der rät mir, einfach abzuwarten. Nach meinem Rückruf würde ich schlauer sein - aber seltsam fand er es auch.

Ich ertappte mich bei dem Gedanken, verrucht genug, wenn „Mutti" vielleicht ein Trojaner ist? Wenn die CDU über Frau Merkel listig versucht, die Grünen zum Überlauf auf ihre Seite zu ziehen, wo doch bekannt ist, dass die FDP der CDU näher steht als der SPD? Da wäre doch ein geheimes Sondierungsgespräch von Frau zu Frau eine gute Gelegenheit herauszufinden, wie die Chancen eines Dreierbündnisses mit der CDU zu bewerten sind, ohne dass es morgen in der Presse steht. Mir wird ganz schlecht bei dem Gedanken. Was mache ich nur, wenn sie mir rotierende Kanzlerschaft zwischen CDU und Grünen anbietet? Oh, fuck, geht mir die Fantasie durch oder spinne ich? Daniel rät mir, niemandem von dem ominösen Anruf zu erzählen, aber schon stellen sich bei mir Gewissensqualen ein, war es doch zwischen mir und Robert abgemacht, keine Alleingänge zu unternehmen, sondern alles gemeinsam zu erörtern und zu entscheiden und dabei private Empfindlichkeiten außen vor zu lassen.

Ihm Muttis Anruf zu verschweigen, wäre schon mal ein unverzeihlicher Bruch unseres Abkommens und könnte böse Folgen haben, wenn es rauskommt. Eine einzige gezielte Indiskretion und unsere Gemeinschaft ist gesprengt. Ist es vielleicht das, was die Kanzlerin beabsichtigt?

<u>Samstag, 9. Oktober 2021</u>

Die telefonische Verbindung mit Mutti kommt gegen Mittag zustande. Nach höflichen Begrüßungsformeln frage ich scherzhaft, ob ich über sie in den Genuss des päpstlichen Segens für eine Ampelkoalition komme - kurze Pause und dann schallendes Gelächter am anderen Ende. „Nein", sagt Mutti, Audienzen beim Papst sind wie politische Sondierungsgespräche, das Besprochene bleibt vertraulich, nur über die Stimmung wird berichtet, und die war heiter, um nicht zu sagen, großartig. Der Grund ihres gestrigen Anrufes war eine Terminabstimmung für eine kleine private Einladung. Nur mit Daniel oder nur mit Robert? Wieder ihr helles Lachen – „nein", es handele sich nicht um ein politisches Gespräch, sondern um eine private Angelegenheit, die sie mit mir besprechen möchte, ob ich Zeit dafür hätte. Ich antwortete, dass die Ampelgespräche mich zeitlich ganz schön einbinden, wie sie sich bestimmt vorstellen könnte, aber am morgigen Sonntag nach 20°°Uhr wäre es möglich. Nicht im Büro, nicht beim Italiener, sondern ganz leger bei ihr zu Hause, der Personenschutz sei informiert.

<u>Sonntag, 10. Oktober 2021</u>

Die „Noch-Kanzlerin" in bequemer Hose und passender Jacke öffnet mir persönlich die Wohnungstür und begrüßt mich konventionell, also nicht nach Münchner Art; dafür kennen wir uns auch zu wenig. Sie bietet mir ein Glas alkoholfreien Sekt an und zeigt mir ihre großzügig geschnittene Wohnung. Dann setzen wir uns an den gläsernen Couchtisch, auf dem neben zwei kleinen silbernen Kerzenhalter eine Flasche Primitivo und Schnittchen platziert sind.

Ich frage einleitend, wie denn der Abschiedsbesuch am Donnerstag in Rom und vor allem beim Papst verlaufen ist.

Mutti strahlt und sagt, sie habe früher ja auch Benedikt XVI. besucht, aber nur ein einziges Mal während seines achtjährigen Pontifikats; bei Franziskus sei sie schon Stammgast, und immer nimmt er sich viel Zeit für sie. Nach meinem Eindruck sieht sie den jetzigen Papst als Vaterersatz. Es ist eine offensichtliche gegenseitige Sympathie und Wertschätzung, niemand muss dem anderen etwas vormachen und beide eint die Übereinstimmung in den für beide so wichtigen aktuellen Themen Migration und Klimakrise. Der Papst weiß, dass Merkel es ihm hoch anrechnet, dass die katholisch Kirche in Deutschland zu den verlässlichen Unterstützern ihrer Migrationspolitik gehört.

Nachdem wir nun die Präludien hinter uns gebracht haben, frage ich frei heraus, was mir denn die Ehre verschafft hat, zwischen Papst-Visite und Israel-Reise bei ihr privat eingeladen zu sein. Jetzt wurde Mutti ernst und begann, von vergangenen Zeiten zu sprechen. Sie fing ihre Karriere unter Kohl als Umweltministerin an; Kohl schätzte ihre wissenschaftliche Ausbildung als Physikerin. Er hatte instinktiv erkannt, dass gerade in der Umweltpolitik logisches Denken und kritisches Hinterfragen zielführender sei als Dogmatik oder politische Ideologie. Da hatte die „Birne" ja nicht ganz unrecht und mit der Wahl seines „Mädchens" tatsächlich einen guten Griff getan. Nun, diese Chance, die sie hatte, erkannte und ergriff, könnte mir doch auch erwachsen. Umwelt und Klima haben inzwischen bei allen Parteien einen hohen Stellenwert eingenommen, aber am ausgeprägtesten bei den Grünen, so Frau Merkel. Sofern eine Ampelkoalition zustande käme hätte ich die allerbesten Chancen, das Umweltministerium zu führen.

Darüber wolle sich die Kanzlerin - wenn ich dem zustimme - mit mir unterhalten, nicht politisch, sondern von Frau zu Frau, unter vier Augen. Immerhin sei sie erfahren genug, um zu wissen, dass mit ihrem Abgang von der politischen Bühne ihr Einfluss auf politische Entscheidungen begrenzt sei und sie vielleicht nur noch in internationalen Gremien eine gewisse Rolle spielen könne, wenn es erwünscht sei. Gerade die Bereiche Umwelt, Klima und Nachhaltigkeit, die nicht nur in Deutschland, sondern in ganz Europa und anderen Kontinenten mehr Unsicherheit und Ängste auslösen als Kriege oder Arbeitslosigkeit, werden sie weiter beschäftigen. Das sei ein Thema, das die gesamte Menschheit betrifft und nicht nur die Bevölkerung einiger Länder. Und nach ihrem Dafürhalten werden uns Umwelt- Und Klimaprobleme weitaus länger beschäftigen als der Umbau des Stuttgarter Bahnhofs oder der Ausbau der Stromautobahn von Nord nach Süd, der seit über 10 Jahren im Verzug ist.

„Die Klimapolitik wird auf Jahrzehnte entscheiden, wer bei uns die Regierung anführt", so Merkel. Mit anderen Worten, akzeptiert der Wähler im großen Ganzen unsere Vorstellung von „grüner" Klimapolitik, sei das schon die halbe Miete für eine Fortsetzung der Ampel in die nächste Legislaturperiode.

Ich sei jung und zielorientiert und sie traue es mir zu, den Dampfer über Jahre auf Klimakurs zu halten, auch über gelegentliche Widerstände hinweg. Dass mir noch politische Erfahrungen fehlen, sei nicht unbedingt ein Manko, wenn man es mit anderen Attributen ausgleichen kann. Darüber wolle sie mit mir diskutieren, keine Belehrungen, sondern ehrliche Ratschläge, die dazu beitragen sollen, dass beim Wähler keine unerfüllbaren Erwartungen geweckt werden, denn das - so ihre Erfahrungen - zahlt sich langfristig nicht aus. Erfahrungen sind wichtig und oft genug kriegsentscheidend, vor allem sind Erfahrungen Früchte des Alters und die sammeln sich im Laufe des Lebens von alleine an.

Also, als „Unerfahrener" gegenhalten mit anderen Attributen wie z.B. Fleiß, Ausdauer, Biss, und ja, auch mit Visionen. Intelligenz hat auch noch nie geschadet, aber ein unschlagbarer Vorteil ist WISSEN. Wissen ist Macht, nicht Geld, Posten oder Netzwerke.

Und ja, Wissen lässt sich bereits in jungen Jahren erwerben, wenn Ehrgeiz, Wille und Ausdauer dazu vorhanden sind, und daran scheint es bei mir nicht zu mangeln.

„Und wie hab ich gegenwärtig so viel Aufmerksamkeit verdient?", war meine Entgegnung.

„Das hat was mit persönlicher Wertschätzung zu tun und auch weil Sie eine Frau sind. Ich kann mir nicht vorstellen, ein so vertrauliches Gespräch z.B. mit Herrn Hofreiter zu führen, der würde von vornherein dankend ablehnen und meine Ratschläge nicht ernst nehmen, weil er sich nichts sagen lassen will von der Ex-Chefin einer demontierten Partei."

Ich war geplättet von so viel Aufrichtigkeit und wir verabredeten tatsächlich ein Klima-Kolloquium. Ob wir zwei- oder dreimal zusammenkommen, müssten die Umstände zeigen. Auf jeden Fall haben die Aussichten, von der Ex-Kanzlerin über die Untiefen in der Umwelt-politik gewarnt und aufgeklärt zu werden, mein Inte-resse geweckt und dümmer wird man auch nicht davon.

Wir verabschiedeten uns weit weniger formal, als zur Begrüßung, fasst wäre mir ein „Mutti" über die Lippen gerutscht.

Als ich nachdenklich über die AVUS zurück nach Pots-dam fuhr, ging mir eine Szene aus meinem Lieblingsfilm „Casablanca" durch den Kopf und ich fragte mich, ob sich nicht gerade der Beginn einer wunderbaren Freundschaft anbahnt.

Mittwoch, 13. Oktober 2021

Für heute war die Fortsetzung unseres Klima-Dialogs bei „Mutti" angesetzt. Dazu brauchte ich mich in keiner Weise vorzubereiten, denn es war voraussehbar, dass der Dialog zu einem Monolog mutieren würde. Kaum angekommen, saßen wir schon am Couchtisch. M. hatte einige schmale Din-A-4 Aktenordner vor sich liegen, an meinem Platz fand ich Schreibblock (neutral, ohne CDU-Logo) und Kugelschreiber (keine CDU-Werbung) - es sah nach Arbeit aus.

M. leitete das Gespräch mit dem Bekenntnis (oder Er-kenntnis?) ein, dass sie es bedaure, vor ihren politi-schen Entscheidungen zu wenig auf die Meinung von Fachleuten oder der Wissenschaft gehört zu haben, und sie legte mir mit Nachdruck ans Herz „Hör auf die Wis-senschaft" und „Benutze Deinen Verstand". Gleichzeitig gab sie mir ein aktuelles Beispiel: Klaus Hasselmann habe Anfang Oktober den Physik-Nobelpreis zuerkannt bekommen - mit 90 Jahren! Der Mann ist Klimaforscher, schon fast ein halbes Jahrhundert lang und sie habe ihn in ihrer Zeit als Umweltministerin bei einem Besuch in Hamburg kennen gelernt, wo er am Max-Planck-Institut für Meteorologie forschte und sie gerade dabei war, sich für den 3. Weltklimagipfel in Kyoto vorzubereiten. Da sie beide Physiker sind, war die Verständigung unkompliziert und sie staunte, mit welchem Wissen er ihr das klimatische Umfeld nicht nur des Kontinents sondern des ganzen Planeten in den kommenden 100 Jahren umriss. Die wenige Zeit während eines Spazierganges reichte aus, um M.s Faszination zu wecken. Hasselmann hatte schon damals Computermodelle entwickelt, die Klimawandelfolgen für die nächsten 500 Jahre aufzeigten. Hätte man damals ihn und seine Arbeit ernster genommen, wäre möglicherweise die Klimapolitik anders ausgefallen. Sicher ist das nicht, denn die Ergebnisse seiner Berechnungen waren derartig wirtschaftsfeindlich, dass man sie unterdrückte. Heute, Dank des Nobelpreises, weiß man, dass Klimamodelle auf solider Physik beruhen und alle Unkenrufe von Wirtschaftlern, Soziologen und Industriebossen fallen in sich zusammen, weil ohne empirische Beweiskraft. Muttis „Vortrag" hat mir gefallen und mir die Augen geöffnet: Negative Überraschungen ließen sich durchaus vermeiden, wenn man den Fachleuten mehr Gehör verschaffen würde.

Die Kanzlerin wies beiläufig darauf hin, dass auch die CDU, wenn auch relativ spät, in ihrer Regierungszeit den Wert umwelt- und klimafreundlichen Denkens und Handelns erkannt hat und betonte, dass der Druck durch die Grünen und auch durch die FFF-Bewegung der Regierung durchaus zusetzte und Reaktionen auslöste.

Merkels unerwarteter Atomausstieg nach der Katastrophe von Fukushima war vielleicht ein einsamer, verzweifelter Schnellschuss, den sie vorrangig aus Angst vor einer Katastrophe in Deutschland abgefeuert hat. Auch jetzt noch - obwohl Frankreich dabei ist, seine großen Reaktoren durch kleinere, leistungsfähige und sichere Reaktoren abzulösen oder zu ergänzen, hält sie ihre Bedenken aufrecht, solange nicht die sichere und dauerhafte Entsorgung des radioaktiven Abfalls hundertprozentig geklärt ist.

Sie weiß um die Diskussion, den Atomstrom als „grünen" Strom anzurechnen, wenn es darum geht, fossile Energieträger wie Kohle, Öl und langfristig auch Gas, zu reduzieren, aber die gefürchteten Nebenwirkungen, einschließlich eines nicht vorhersehbaren Unfalls, beunruhigen sie heute immer noch wie damals.

Ihr sei aber klar, dass man die Sache auch anders beurteilen könne und jede Regierung das Recht habe, Entscheidungen der Vorgängerregierung zu korrigieren. Als Beispiel nannte sie Macron, der gestern am 12. Oktober den Plan „Frankreich 2030" vorgestellt hat, in dem die Atomkraft als Energiequelle der nahen Zukunft hervorhob. Frankreich will beim Klimaschutz eigenständig handeln und nicht länger nach deutscher Melodie tanzen.[10] Es will 1 Mrd. Euro in die Entwicklung kleiner modularer Atomkraftwerke mit größerer Sicherheit investieren und in neue Technologien zur Verringerung des Atommülls. Bis 2030 sollen 30 Mrd. Euro in ein Innovationsprogramm investiert werden, u.a. für den Bau eines emissionsfreien Flugzeugs und für zwei Gigafabriken zur Erzeugung grünen Wasserstoffs. Dank des Atomstroms würde Frankreich europäischer Marktführer für Wasserstoff werden, ein Produkt, von dem auch Deutschland erwartet, dass es einen entscheidenden Beitrag zur CO_2-Reduzierung leistet.

Dann betonte sie noch, dass sie es war, die Greta Thunberg zu einem Treffen ins Kanzleramt eingeladen hatte und auch die Installation eines „Klimarats" primär dem Ziel dienten, „Klima" nicht nur mit den Grünen in Verbindung zu bringen, sondern auch mit der CDU. Es war für sie mehr als erkennbar, woran sich die politische Jugend rieb und in welche Richtung sich der Zug in Bewegung setzen und laufend an Fahrt gewinnen würde: Umwelt, Klima, Nachhaltigkeit!

Also, was ich wohl raushören sollte, war, dass CDU und Grüne in der Beurteilung der Klima- und Umwelt-Politik gar nicht so weit auseinander liegen. Wie auch immer eine künftige Koalition aussehen wird, die Last der Klima- und Umwelt-Politik müssten die Grünen tragen, d.h., neben der finanziellen Last, die ich ja im Wahlkampf bereits mit 50 bis 60 Mrd. Euro beziffert hatte - jährlich - wäre auch noch die politische und wirtschaftliche Verantwortung zu tragen, wenn am Ende des Tages der Erfolg ausbliebe.

Freitag, 15. Oktober 2021

Unsere Sondierungsgespräche laufen - wie erwartet - auf Ampel heraus. Steuererhöhungen und Schuldenausweitung sind zwei harte Nüsse, die es noch zu knacken gilt. Hoffentlich verletzt sich dabei niemand die

42

Finger! Am Sonntag wieder Gespräch bei Mutti.

<u>Sonntag, 17. Oktober 2021</u>

Mutti sagte, ein Wahlplakat der Grünen mit meinem Konterfei und dem Text „Klima retten, Menschen schützen", habe bei ihr Kopfschütteln hervorgerufen. Donnerwetter, das war ja ein Frontalangriff und ich setze mich gleich senkrecht in Verteidigungsposition.
Sie argumentierte, das von ihr beanstandete Plakat wecke falsche, unerfüllbare Hoffnungen beim Wähler: niemand sei gegenwärtig auch nur ansatzweise in der Lage, das Klima zu retten und die Menschen davor zu schützen. Das sei ebenso illusorisch, wie den Frieden zu retten oder die Armut abzuschaffen. Niemand kann das Klima „retten", weder der Papst, noch die UNO, noch die Grünen in Deutschland. Zum Klimaretter wird der, dem es gelingt, die „Lunge der Welt", nämlich das Amazonas-Waldgebiet, wo im letzten Jahrzehnt tausende Quadratkilometer Wald abgefackelt und gerodet wurden, unter Freisetzung von über 200 Mio. t Co^2 wieder in den ursprünglichen Zustand zu versetzen. Zum Klimaretter wird der, dem es gelingt, das Abschmelzen der Gletscher und das Abtauen des Polareises sofort zu stoppen und zum Klimaretter wird der, dem es gelingt, alle Kohlendioxyd-Emissionen auf der ganzen Welt um wenigstens 50% in den nächsten 10 Jahren zu reduzieren.
Und dann ist immer noch fraglich, ob die Natur mitspielt oder nicht lieber doch eigenen Gesetzen folgt, als unseren Zielvorgaben. Selten habe ich M. so ernst und entschlossen gesehen. Aus ihr sprach nicht die Politikerin sondern die Physikerin, die die Zusammenhänge kennt und die richtigen Schlussfolgerungen daraus zu

ziehen weiß. Kleinlaut fragte ich, wie sie denn den beanstandeten Satz formulieren würde. Sie dachte einen Moment nach und sagte: Drück das aus, was ihr Grünen wollt und könnt und was der Wähler euch auch abnimmt. Klimaretter seid ihr jedenfalls nicht, und da sollte man auch die Wahrnehmung der Wähler nicht unterschätzen, sie können durchaus zwischen „sein" und „Schein" unterscheiden. Das ehrliche Etikett für den Inhalt, den ihr anbieten wollt, müsste lauten: „Umwelt schützen - Nachhaltigkeit fördern". Touché!

Wo sie Recht hat, hat sie Recht. Es ist wichtig in der Politik, glaubhaft zu bleiben, nur so können wir unsere Klientel mitnehmen. Anstelle uneinlösbarer Klimaversprechen sollte ich mich auf die Lösung hiesiger Umweltprobleme konzentrieren, und da gibt es genug zu tun: CO_2-Emissionen reduzieren, Massentierhaltung eindämmen, Vermüllen der Meere aufhalten, Nord- und Ostsee-Deiche befestigen und erhöhen, usw. Das langfristige Klimaziel wird sich dagegen nicht um 0,1 Grad ins Positive verändern; alle Anzeichen und Berechnungen der Klimaforscher sprechen dagegen. Es ist aber auch nicht ausgemacht, wie der Gesundheitsminister der SPD, Karl Lauterbach befürchtet, dass auf lange Sicht ein Anstieg der Erdtemperatur um 4,5°C wahrscheinlicher sei als ein Stopp bei +2°C.

Zwei Ziele gilt es, im Auge zu behalten: Den Anstieg der CO_2-Emissionen zu bremsen und zu minimieren und die Entsorgung überflüssigen Kohlendioxyds zu beschleunigen. Bei letzterem lässt sich die Bevölkerung gut miteinbinden, weil sie den Lohn ihrer Anstrengungen Jahr für Jahr wahrnehmen kann: Es gilt, Bäume zu pflanzen, wo immer es möglich ist, in gerodeten Waldflächen, an Straßenrändern, in Gärten, Parks und

Brachflächen. Und wenn jeder über 15 Jahre alter Bürger gleichzeitig die Patenschaft über einen oder mehrere Bäume übernehmen würde, dann hätten wir 60 Millionen zusätzliche CO_2-Absorbierer, die jedes Jahr etwas mehr Kohlendioxid aufnehmen, und jedes Jahr dem Paten das Gefühl geben, etwas zum Klimaschutz beigetragen zu haben, nebenbei auch für das Staatssäckel.

Gleichwohl darf nicht verschwiegen werden, dass alle Anstrengungen, den Temperaturanstieg zu stoppen, eine Herkules-Aufgabe ist, die sich über Generationen hinziehen wird. Wir werden nicht nur für das Finanzamt arbeiten, sondern vor allem für den Erhalt des Planeten Erde unser Geld hergeben müssen, und das im Wissen, dass alle genannten und vereinbarten Jahres-Daten wie 2030, 2045, 2050 nichts, aber auch gar nichts mit Temperaturentlastungen zu tun haben; es sind ausschließlich Zielmarken für die Begrenzung weltweiter jährlicher CO_2-Emissionen. Also: CO_2-neutral heißt nicht klimaneutral!

Es ist daher ein großes Missverständnis und eine Irreführung der Menschheit, herzugehen und zu versprechen, wer unsere Partei wählt, der wählt den Klimaretter und nur wir allein bringen die ansteigende Erdtemperatur zum Stoppen und anschließend zur Wende. Dabei sah mich M. bedeutungsvoll an, ließ mich aber nicht zu Worte kommen.

Auch das Bekenntnis der EU, bis 2050 „klimaneutral" zu werden, ist ebenso falsch, wie Deutschlands Absicht, „bis 2045 Klimaneutralität" zu erreichen. Beide wollen CO_2-neutral werden, das ist etwas ganz anderes und da machen Zeitvorgaben auch Sinn, denn die sind technisch und finanziell - zumindest annähernd - erreichbar.

Warum aber Stockholm und Wien, sowie Bayern und Baden-Württemberg das Ziel bereits 2040 erreichen wollen, bleibt mir ein Rätsel.

Um es noch einmal ganz deutlich zu machen: Die CO^2-Bilanz in Deutschland kann aus eigener Kraft und kontinuierlichen Anstrengungen unserer Industrie und Steuerzahler - ceteris paribus - ausgeglichen werden. Das ist politisch erwünscht, für jeden nachvollziehbar, langfristig darstellbar und ein notwendiger Beitrag zur Entgiftung unserer Atmosphäre.

Ob die KLIMA-BILANZ von diesen Anstrengungen profitiert, steht auf einem ganz anderen Blatt, das wir nicht in der Hand halten. So hat z.B. die Welthungerhilfe in ihrem jüngsten Bericht 47 Staaten identifiziert, die bis 2030 Hunger leiden werden, das sind 35% der 128 untersuchten Länder. Die meisten dieser Staaten liegen südlich der Sahara, kommen weder an Öl noch an Gas ran und erst recht nicht an Solar- oder Windstrom. Da wird weiterhin, wie bisher, Energie aus Kohle und Holz gewonnen, und zwar umso mehr, je ärmer.

Was wir in Deutschland also an CO^2-Emissionen unter hohen finanziellen Opfern einsparen wird andernorts auf diesem Planeten - aus schierer Not – konterkariert.

Das nur als kleines bildhaftes Beispiel. Zahlreiche Waldbrände und neu gebaute Kohlekraftwerke in Asien tragen ebenfalls Jahr für Jahr dazu bei, dass Millionen Tonnen CO^2 weiterhin in die Atmosphäre geblasen werden, die wir in Deutschland mühevoll entgiften wollen.

Das Versprechen der Grünen, „Klima retten - Menschen schützen!" (vor Hitze, Starkregen, Dürre und Missernten) ist bestenfalls eine Wette auf eine ferne Zukunft, die die Menschheit nicht gewinnen kann und nicht gewinnen wird, weil die Natur stärker ist.

Ich muss zugeben, ich war von Muttis Monolog beeindruckt, sie sprach fast wie eine Grüne. Was Klima und Umwelt angeht hat sie immer noch das Detailwissen einer ehemaligen Umweltministerin, klare Vorstellungen und Sachverstand. Und vor dem Hintergrund ihrer naturwissenschaftlichen Ausbildung nimmt man ihr auch ihre Position, die sie einnimmt, ab, weil glaubhaft. Auch hat sie mich wieder bestärkt, bei Klimafragen stets die Experten mit einzubinden, d.h., den von ihr benannten „Klima-Rat" beizubehalten.

Mutti wies noch darauf hin, dass Wissenschaftler, die auf politische Strömungen keine Rücksicht nehmen (müssen), das Klima-System für irreversibel halten. Das ist es auch, was die FFF-Bewegung so fürchtet und so wütend macht; Sie muss hilflos zusehen, wie sich das Klima laufend verschlechtert und wir Alten schauen hilf- und ratlos zu. Die Erderwärmung steigt weiter, Rettung wird für 2050 suggeriert, das dauert aber allen viel zu lange, denn sie wollen jetzt gerettet werden, und nicht erst wenn ihre Kinder 30 sind. Was für ein fataler Trugschluss: Weder ihre Kinder noch ihre Kindeskinder werden die Rückkehr zu einem „normalen" Klima erleben - die physikalischen Gesetze sprechen einfach dagegen, den weltweiten Brandherd „Klima" löscht man nicht so schnell, und wenn dann noch eine weltweite Corona-Pandemie hinzukommt, dann fragt sich jeder, was ist wichtiger in der Bekämpfung, Pandemie, die auch mich betrifft, oder Klima, das sich aufschieben lässt. Zugegeben, die FFF-Bewegung konnte mit ihren Schulstreiks medienwirksam etwas anstoßen und wir haben auch politisch darauf reagiert. Und wenn ihr Grünen sogar für

Klima und Umwelt 60 Mrd. Euro jährlich ausgeben wollt, dann ist das eine Hausnummer, die auch die FFF-Bewegung zur Kenntnis nehmen und mit den Streiks aufhören sollte. Klimapolitik mit Risiken und Nebenwirkungen ist ein Marathonlauf mit Stabwechsel über zig Generationen und da ist aktives Handeln wesentlich sinnvoller als „Schulstreik für Klima".

Mein lieber Scholli, das war heute aber eine Vorlesung „Privatissimum", die mir viel gegeben hat und ich bin Mutti aufrichtig dankbar.

Nachdem M. ordentlich Dampf abgelassen hatte, wirkte sie etwas entspannter, obwohl sie äußerlich einen gestressten Eindruck machte; kein Wunder bei der Kette von Abschiedsbesuchen. Am Mittwoch in Spanien, Donnerstag in Brüssel und Freitag bei Erdogan in Istanbul. M. war stolz darauf, den Europapreis „Karl V" verliehen bekommen zu haben, weil sie den „Geist Europas verkörpere". 2006 habe Kohl am Ende seiner Regierungszeit den Preis bekommen, da wäre es doch nur gerecht und folgerichtig, dass ihre Verdienste genauso gewürdigt werden. Auch in Brüssel habe sie mit Kohl gleichgezogen und die höchste Ehrung erfahren, die Belgien zu vergeben hat: Das Großkreuz des Leopoldordens. Ich nickte anerkennend und fragte mich gleichzeitig, wo und wann sie denn all die angesammelten Orden tragen würde, doch nicht etwa in der Uckermark? Na ja, auf dem Wiener Opernball wäre es möglich - da besteht Ordenspflicht, wenn man denn einen hat...

Mit Spanien verbinde sie auch private Beziehungen, plauderte sie weiter, dort sei sie mit dem ehemaligen Ministerpräsidenten Mariano Rajoy von der Volkspartei ein Stück des Jakobsweges gemeinsam gewandert, und mit seinem Nachfolger, Pedro Sanchez, verbrachte sie ein Wochenende an der spanischen Atlantikküste - natürlich mit Ehemann Joachim Sauer, wie sie lächelnd ergänzte.

Dann sprach sie mich auf einen Satz von Olaf Scholz auf der gemeinsamen Pressekonferenz an, der vom „größten industriellen Modernisierungsprogramm seit 100 Jahren in Deutschland!" handelte. Und das ohne Steuererhöhungen und ohne Aufweichung der Schuldenbremse. „Das sind Absichtserklärungen", sagte die Kanzlerin „und Absichtserklärungen sind Wunschkonzerte und so manches Konzert verwandelte sich später mangels geeigneter Mitspieler in ein dünnes Kammerkonzert". Den letzten Satz nahm M. zum Anlass, noch einmal über das Thema „Prognose" zu philosophieren, wie schwierig es sei, „politische Phantasie" [11] zu erzeugen und zu predigen, ohne die Realität aus den Augen zu verlieren.

Am Beispiel relativ kurzfristiger Prognosen versucht M. mir zu beweisen, wie schnell eine Prognose in wenigen Monaten zur Makulatur werden kann, wenn auch nur ein einziger Einflussfaktor den Trend verlässt oder keine Berücksichtigung in der Gesamtannahme gefunden hat. Die Prognostiker kommen dabei ohne große Beschädigung davon.

„Wie das?", frage ich erstaunt. M. erläutert mir, dass sie immer unter der Prämisse „ceteris paribus" arbeiten, ein Begriff aus der Volkswirtschaftslehre, zu gut Deutsch: „unter gleichbleibenden Bedingungen". Ändert sich auch nur eine der angenommenen Bedingungen, ändert sich auch gleichzeitig das Resultat einer „berechneten" Prognose.

Zu meinem Entsetzen nimmt sie gleich mich aufs Korn für ihr praktisches Beispiel und sagt, für euch Grünen waren Wahlergebnisse von über 20% vorausgesagt worden. Als nun am Wahltag nur 14% zusammenkamen, hatten die Prognostiker sofort eine Erklärung für diese extreme Abweichung: Unsere Prognose galt unter der Prämisse „ceteris paribus", leider haben sich die Bedingungen unvorhersehbar verändert: Die BILD-Zeitung berichtete in großer Aufmachung, die Kanzlerkandidatin hätte ihren Lebenslauf geschönt, ein paar Gutschriften auf ihrem Konto übersehen und nicht angezeigt und in ihrem Buch „Jetzt" vergessen, die fremden Federn zu kennzeichnen. Der Wähler ist ja nicht blöd, er vergisst nicht und verzeiht nur selten, da sind Prognostiker fein raus.

Zum Glück wurde M. beim nächsten Beispiel nicht wieder persönlich sondern beruhigend sachlich. Sie wies auf die jüngsten Inflationszahlen hin: Wir alle spüren die Preissteigerungen in unserem Portemonnaie, Strompreis, Heizöl, Gaststättenbesuch, Benzin, Obst und Gemüse, alles wird teurer. Man wundert sich, warum nur für „bezahlbare Mieten" auf die Straße gegangen wird und nicht für „bezahlbares Heizen".

Die Banker beeilen sich, uns zu beruhigen und sagen, dass die Inflationsrate von über 4% im September gegenüber September des Vorjahres nur „vorübergehend" sei und faseln von wieder angehobener Mehrwertsteuer und momentanen Lieferengpässen. Ins selbe Horn stoßen auch die 5 Konjunkturgutachter, die ihren Bericht 2021 am 14. Oktober 2021 vorgestellt haben, und die Preissteigerungen als „vorübergehendes Phänomen" bezeichnen. Zwar rechnen sie für das Gesamtjahr 2021 mit einer durchschnittlichen Inflationsrate von 3%, aber 2022 werde sich die Lage entspannen, dann werden wir eine Inflationsrate von „nur" 2,5% haben und 2023 sogar von 1,7%. Als Physikerin denke ich bloß, für wie dumm halten uns die „Experten" eigentlich? The trend is your friend, ich glaube nicht, dass sich die Probleme bei internationalen Lieferketten so schnell auflösen, wie man möchte. Das bedeutet eine Verringerung des Angebotes für viele Güter, während die Konsumneigung unverändert bleibt, was preissteigernd wirkt.

Die gleichen Experten sagten zum gleichen Zeitpunkt im Vorjahr, da hatten wir auch schon oder noch Corona, ein Wirtschaftswachstum von 3,7% für Deutschland voraus; nun haben die Ökonomen das Wachstum für das laufende Jahr mit 2,4% deutlich nach unten korrigiert, uns aber für nächstes Jahr Hoffnung auf Besserung gemacht, mit einem erwarteten BIP von 4,8%. Wie soll das gehen, wenn Herr Holtemöller vom Leibnitz-Institut für Wirtschaftsforschung in Halle gleichzeitig darauf hinweist, dass wir „den Gürtel enger schnallen müssen". „An weniger Konsum in der Zukunft gehe kein Weg vorbei", so Holtemöller, und das dürfte wohl die Realität sein.

Kräftigen Wirtschaftswachstum zu prognostizieren und gleichzeitig ein Sinken der Inflation, also da muss man nicht unbedingt Physik studiert haben, um diesen Widerspruch zu erkennen. M. riet mir, das prognostizierte Inflationsziel **von 2,5% am Ende 2022** und **1,7% am Ende 2023**, dick in den Kalender einzutragen, damit man sich Ende der jeweiligen Jahre darauf freuen kann, wie die Prognostiker die Abweichungen ihrer Voraussagen schön zu reden versuchen.

Die Aussagen der Automobilindustrie, dass Chips und

andere wichtige Komponenten noch weit in 2022 knapp und teuer sein werden, werden offenbar nicht ernst genommen. Häuslebauer richten sich darauf ein, für ein 1-Familienhaus bis zu 40.000,- Euro mehr zu berappen und Autovermieter verlangen bereits heute schon 50% mehr für einen Mietwagen. Beiläufig wird auch das Briefporto ab 1. Januar 2022 um 6% teurer. Da werden die Gewerkschaften nicht tatenlos zuschauen, und eher 5% Lohnsteigerung fordern als 3%, und die Lohn-Preis-Spirale setzt sich langsam in Gang.

Wenn jetzt noch jeder befürchtet, übermorgen wird alles noch teurer, als es heute schon ist, dann tut er das einzig richtige und kauft lieber heute als später und damit erhöht sich auch die Geld-Umlaufgeschwindigkeit, was wie ein Brandbeschleuniger wirkt. Für die Preisstabilität ist der Brandbeschleuniger Gift, die Balance zwischen Geldmenge nebst Umlaufgeschwindigkeit des Geldes einerseits und Gütermenge andererseits gerät aus den Fugen: Zu viel Geld, 0% Zinsen trifft auf ausgedünnte Gütermengen und treibt die Preise nach oben. Für M. sind das beunruhigende Aussichten, und die „Ampel" wird daran zu knabbern haben. Sie sagt mir im Vertrauen, das sind die Versprechungen in den Flitterwochen, da lebt man von Luft und Liebe. Die Probleme kommen im Laufe der Partnerschaft, dann weiß man, dass alle Wünsche bezahlt werden müssen und ist kein Geld dafür da, dann müssen die Wünsche eingeschränkt oder gestrichen werden, oder neues Geld muss her: Steuererhöhungen.

Natürlich wäre auch die Aufweichung der Schuldengrenze eine Option, aber dann wälzt man die Finanzlast auf die nächsten Generationen ab und man riskiert dass die verschaukelte Jugend jeden Freitag mit dem Schild auf die Straße geht, „Schulstreik für Schuldenabbau".

Freitag, 22. Oktober 2021

Ich glaub' mein Hamster bügelt! Da sitzen wir von der Ampel-Koalition im größeren Kreis zusammen und sind auf dem besten Wege, uns über Einzelheiten unserer künftigen politischen Richtung zu einigen, da versuchen doch tatsächlich 10.000 meist jugendliche Demonstranten am Brandenburger Tor lautstark Druck auf uns auszuüben. Sie fordern mehr Anstrengungen „zum Schutze des Klimas". Mein Himmel, was haben wir nicht schon alles für ein besseres Klima in Bewegung gesetzt und noch viel mehr soll folgen. Die 50 bis 60 Mrd. Euro, die wir jährlich in die Klima-Reparatur investieren wollen, sprechen doch für sich. Unser CO_2-output ist im Weltvergleich überschaubar. Warum marschieren die „Klimaschützer" nicht vor die brasilianische Botschaft und protestieren dort laut und vernehmlich gegen die illegale Abholzung des Amazonas-Regenwaldes? Dort wurden zwischen August 2019 und Juli 2020 nahezu 11.100 km² Wald gerodet [12], eine 10 mal so große Fläche wie Hamburg und Bremen zusammen. Man muss sich nur vorstellen, dass bereits ein einziger km² verbrannter Wald unnütz die Atmosphäre mit 40.000 t CO_2 belastet, das sind fast 450 Mio. t CO_2 in nur einem Jahr. Kein Wunder, dass manche Länder sich weigern, ohne ausländische Hilfe mit der Reduzierung von CO_2-Emissionen ernst zu machen, solange der brasilianische Präsident bis 2028 die illegalen Holzfällungen im beschriebenen Ausmaß zulassen will.

Ich habe manchmal den Eindruck, die Demonstranten wissen gar nicht genau, um was es hier eigentlich geht, sie fordern mehr Tempo, mehr sichtbare Erfolge und möchten am liebsten bereits morgen das Klima von 1850 zurück haben. Und sie hinterfragen auch nicht das Schlagwort „Klimaneutralität". Wir gehören zu den Ländern, die bereits heute gewaltige Vorleistungen zur Reduzierung von Kohlendioxyd in der Atmosphäre getätigt haben.

Und die Kosten steigen weiter, aus Milliardenbeträgen sind inzwischen Billionen geworden, aber nicht wegen der schleichenden Inflation, sondern weil jede einzelne Abwehrmaßnahme für sich gesehen mehr Kapital bindet als 2015 vorhersehbar war. Gleichwohl müsste es auch für den gutmeinenden Demonstranten nachvollziehbar sein, dass ein schleichender Vergiftungsprozess, der vor 150 Jahren begonnen hat, nicht abrupt aufzuhalten ist. Der Atmosphäre dauerhaft Milliarden Tonnen angesammelter CO_2-Gase zu entziehen, um das Klima wieder ins Gleichgewicht zu bringen, kann aus wissenschaftlicher Sicht unter Einsatz unvorstellbar hoher Kosten gelingen, wenn man die nötige Geduld aufbringt, die die Klima-Demonstranten offenbar nicht haben. Aber niemand weiß heute genau zu sagen, wie lange der Geduldsfaden reichen muss: 100 Jahre, 400 Jahre? Eins steht schon heute fest: Die Begrenzung der Erderwärmung auf $+1,5°C$ bis 2050 gehört zu den unerfüllbaren Wünschen.

Was aber machbar und umsetzbar ist, und zwar auf allen Kontinenten, ist die weitere Zufuhr von CO_2 zu begrenzen und schließlich zu stoppen. Eine Erholung der Atmosphäre vom CO_2-Fieber kann erst dann beginnen, wenn nicht eine einzige Tonne Kohlendioxyd den bestehenden Milliarden Tonnen hinzugefügt wird. In Deutschland tragen wir seit Jahren dazu bei, unseren CO^2-Fußabdruck konsequent zu vermindern: Hier einige Beispiele, die auch der FFF-Bewegung nicht entgangen sein kann:

- wir reduzieren die Kohleförderung bis zum endgültigen Ausstieg 2030,
- wir stoppen die Zulassung von Verbrennungsmotoren bis zum Jahr 2030,
- wir fördern den Umstieg auf Elektrofahrzeuge,
- wir fördern die Produktion synthetischer Öle und Treibstoffe,
- wir versuchen im Wohnungsbau durch verschiedene Maßnahmen den CO^2-Ausstoß zu vermindern,
- wir forschen und investieren in die Wasserstofftechnologie,
- wir fördern Solar- und Windkraft.

Die bittere Pille, die es jedoch zu schlucken gilt, besteht darin, dass weder die Demonstranten, noch ihre Kinder und Kindeskinder es vergönnt sein wird, die Ernte nach all den Bemühungen einzufahren. Die Zeit reicht einfach nicht aus bis zur Zielgeraden, und dagegen zu protestieren, ist nutzlose Zeitverschwendung. Das einzige, was die nächsten drei Generationen tatsächlich miterleben werden, sind gigantische finanzielle Belastungen, die sie ertragen müssen, ob sie wollen oder nicht.

Dagegen ist der dreistellige Milliardenbetrag, mit dem wir uns wegen der Corona-Pandemie verschuldet haben, ein Taschengeld!

Mit anderen Worten, es ist genug mit den Klimaprotesten; wir haben die Botschaft verstanden und arbeiten daran, Änderungen herbeizuführen. Nicht nur die FFF-Bewegung will es, die Bevölkerung will es ja auch, und sie ist bereit, den Gürtel dafür enger zu schnallen. Aber wenn bereits jetzt schon das große Jammern anfängt wegen gestiegener Strom-, Benzin- und Heizungskosten, dann wird das Gejammer der Demonstranten zum Orkan, wenn bis 2030 die Kosten für „klimarettende Maßnahmen" ins Unendliche steigen.

Mein Appell an die Demonstranten wäre, den Schulstreik für besseres Klima in den Ranzen zu packen und sich für alle Maßnahmen zu engagieren, die für bessere Luft in der unmittelbaren Umgebung und saubere Umwelt führen. Im aktiven Tun lässt sich viel mehr bewegen, als im wohlfeilen Fordern, was andere gefälligst unternehmen sollten - sofort und ohne Rücksicht auf die Kosten.

Schule schwänzen für „Klimarettung" war gestern, aktives Tun und Verständnis für die Zusammenhänge unserer derzeitigen Klimaveränderung wäre wohl der richtige Weg heute und in Zukunft.

Vielleicht setzt sich ja auch in diesem Zusammenhang die Einsicht durch, dass moderne kleine Atomkraftwerke, wie sie Frankreich bauen will, durchaus eine Ergänzung zum grünen Strom sein können, denn der Atomstrom ist ja nicht wegen CO_2-Emissionen abgestellt worden, sondern aus Angst vor Katastrophen wie Tschernobyl oder Fukushima. Das Hauptargument gegen Atomkraftwerke ist immer noch das Problem der dauerhaften Entsorgung des radioaktiven Mülls.

Aber das Problem bleibt auch ohne Atomkraftwerke

durch jährlich neuen radioaktiven Abfall aus Kliniken und Laboren und den seit über 50 Jahren angesammelten hunderten Containern, die ebenfalls auf eine endgültige Entsorgung warten, erhalten.

Nach all den Gesprächen mit M. werde ich mir langsam darüber im Klaren, dass die negativen Begleitumstände eines weiter zunehmenden Klimawandels wesentlich höher ausfallen werden, als die Risiken durch Atomkraft.

Dienstag, 26. Oktober 2021

Heute war die konstituierende Sitzung des neuen Bundestags. Ich wäre viel lieber nach Glasgow gefahren, zur Weltklima-Konferenz, um im Vorfeld Erfahrungen mit den internationalen Klima-Experten auszutauschen. Seit dem Pariser Abkommen von 2015, als die teilnehmenden Vertragsparteien „beschlossen", die Erderwärmung möglichst nicht über +1,5 Grad ansteigen zu lassen, seit diesen 7 Jahren hat sich das Thermometer wenig zum Positiven verändert, was die FFF-Bewegung auf die Palme bringt. Der Weltklimarat IPCC hat unmissverständlich dargelegt, dass die gegenwärtigen Anstrengungen aller beteiligten Nationen bei weitem nicht ausreichen, die 1,5 Grad-Grenze einzuhalten. Der Rat warnt, dass zu den kumulierten CO_2-Emissionen der Welt seit 1850 von ca. 2,4 Gigatonnen maximal 500 Gigatonnen zusätzlicher CO_2-Belastungen in Kauf genommen werden dürfe, damit die Erdtemperatur nicht völlig aus dem Ruder laufe. Jeder zusätzliche Temperaturanstieg von nur +0,1 Grad erschwert und belastet die Rückführung auf ein Normalmaß zeitlich und finanziell in heute unvorstellbarem Ausmaß. Leider sieht es aber momentan nicht danach aus, als ob wir die +2-Grad-Linie halten werden und die Befürchtungen von Karl Lauterbach keine Fiktion sind.

Wie will man den Anstieg der Erdtemperatur verhindern, wenn allein China 11,6 Mrd. Tonnen CO^2 im Jahre 2020 in die Atmosphäre geblasen hat? Das ist gegenüber 1990 eine Steigerung von sage und schreibe 382%. Dagegen sind Europas Belastungen mit 3,1 Mrd. Tonnen Kohlendioxyd [13] fast „erträglich" zu nennen, vor allem, wenn man bedenkt, dass die CO_2-Emissionsvolumina seit 1990 nicht ansteigen, sondern mit ./. 37% stark rückläufig sind, wobei Großbritannien mit ./. 47% absoluter Spitzenreiter vor Deutschland ist.

Europa legt sich also ins Zeug, die CO^2-Bilanz signifikant zu verbessern und hat auch allen Grund dazu, denn von Europa ging die Industrialisierung aus und wegen dieser „historischen Klimaschuld" muss und will Europa der Vorreiter im Vermeiden unnötiger CO^2-Emissionen sein. Ob es gelingt, steht in den Sternen, denn nur in Europa, USA, Russland und Japan sind die CO^2-Emissionen auf dem Rückmarsch, das kompensiert noch nicht einmal die wachsenden CO^2-Sünden Chinas. Unerträglich ist auch der hohe Kohlendioxyd-Ausstoß der internationalen Schifffahrt und des Luftverkehrs von 1,1 Mrd. Tonnen, ein Zuwachs von +75% seit 1990. Diese Menge entspricht dem jährlichen CO^2-Ausstoß von Deutschland, Frankreich und Spanien zusammen.

China als größter CO^2-Emittent der Welt wird im Fokus der Glasgower Konferenz stehen. Jüngst hat die chinesische Regierung über 150(!) zuvor stillgelegte Kohlenminen in Betrieb genommen, um die Kohleproduktion um jährlich 220 Mio. Tonnen zu erhöhen. Daneben soll der Import von Kohle - vor allem aus Australien - um 50% gegenüber 2020 gesteigert werden. China weist lächelnd darauf hin, dass die Industrieländer in den letzten 200 Jahren 80% der klimaschädlichen Emissionen verursacht haben, nicht zuletzt auch, um Exporte auf hohem Niveau zu halten, jetzt aber sei China Exportweltmeister und der Bedarf an Energie steige immens.

Dieser Trend wird noch eine ganze Weile anhalten, denn China will als einziges Land der Erde erst 2060 kohlendioxyd-neutral sein. China wird sich also noch viele Jahre lang Kosten- und Wettbewerbsvorteile gegenüber dem Rest der der Welt sichern, dazu die „Seidenstraße" nach Europa und Afrika weiter ausbauen, Häfen aufkaufen und modernisieren und geeigneten afrikanischen Ländern mit großzügigen Krediten in wirtschaftliche Abhängigkeit bringen. Gegen diese sorgsam geplante Langfriststrategie vermögen weder die USA noch Europa Gleichwertiges entgegen zu setzen. So wird China die Jahre bis 2060 zielgerichtet und unbeirrt nutzen, um die USA und Europa wirtschaftlich abzuhängen, um dann als mächtigste Nation der Welt zu glänzen und tonangebend zu sein.

Erst dann wird sich China vermutlich auch um das Welt-Klima kümmern und sich feiern lassen, weil es aufgrund seiner schieren Masse ausgestoßener CO^2-Volumina das entscheidende Ass im Spiel um den künftigen Verlauf der Klimakrise aus dem Ärmel ziehen wird.

Glasgow Cop 26

Heute ist der offizielle Beginn der großen Weltklima-Konferenz in Glasgow. Aber was heißt schon groß? Die größten Klimasünder wie China, Russland und Brasilien sind gar nicht erst angetreten und das, obwohl diese 3 Länder für mehr als 10 Mrd. t. Emissionen pro Jahr verantwortlich sind, bei 32 Mrd.t. Weltausstoß = 30,9%.

25.000 Teilnehmer werden erwartet aus 120 Ländern - was soll dabei herauskommen? „Viele Köche verderben den Brei!", heißt es und ich wette, wir werden in den 14 Tages mit reichlich bla-bla und wohlfeilen Forderungen versorgt und mit wenig konkreten Maßnahmen. Auch in Glasgow quatschen alle von der „Klimaneutralität"; es will einfach nicht in die Köpfe der Politiker und Journalisten, dass wir lediglich eine CO_2-Neutralität anstreben können, aber niemals eine Klimaneutralität. Das Klima reguliert die Natur und sie lässt sich Zeit dafür, nicht Jahre sondern Jahrhunderte.

Wissenschaftler haben errechnet, dass der momentane CO_2-Gehalt in unserer Atmosphäre ca. 50 mal höher ist als vor der Industrialisierung. Dieser CO_2-Panzer muss erst abgebaut werden, soll die aufgeheizte Luft wieder von der Erde ins Weltall ungehindert entweichen. Es ist also der einzig richtige Weg, sofort die CO_2-Emissionen in allen Ländern dieser Erde drastisch zu reduzieren, damit sich der Kohlendioxyd-Anteil in der Luft nicht weiter erhöht. Aber damit ist noch kein einziges Gramm der Altemissionen aus der Atmosphäre entfernt und wer glaubt, wir können in wenigen Jahren der Atmosphäre die unvorstellbare Menge an Kohlendioxyd -

mit welcher Technik auch immer - die wir ihr mutwillig zugeführt haben entreißen, ist ein Traumtänzer; dieser Abbauprozess wird zur Zwangsarbeit der Natur und wird die Menschheit noch Jahrhunderte begleiten. Die Natur denkt gar nicht daran, auf unsere Wünsche einzugehen, um spätestens 2050 dafür zu sorgen, dass die Erdtemperatur die +2°C-Grenze nicht überschreitet. Die Natur lacht über solches Ansinnen und folgt ihren eigenen Gesetzen, die nicht verhandelbar sind.

Also, statt belastbarer Ergebnisse wird uns Glasgow mit vielen Meldungen, Versprechen und Forderungen nerven:

- Greta Thunberg wird die Gelegenheit nutzen und uns einhämmern, dass es 5 vor 12 ist und es noch gewaltiger Anstrengungen bedarf, um das Klima so zu beeinflussen, wie es vor 150 Jahren war.
- Die Schwellenländer werden die Gelegenheit nutzen, die von den Industriestaaten zugesagten Klimahilfen von 100 Mrd. Dollar endlich zu erhalten.
- Die Industrienationen werden beteuern, dass sie die im Laufe der Jahre gewonnenen Erkenntnisse umgehend nutzen und umsetzen werden, wenn sie finanzielle Unterstützung ihrer Regierungen erhalten.

Was sie uns aber nicht sagen, ist, dass sie gegenüber den Entwicklungsländern in gleicher Weise vorgehen werden, wie bei der Corona-Pandemie: Erst bedienen sich die Industrienationen, dann werden großzügig zig Millionen Impfdosen an die armen Länder abgegeben. Dieser Egoismus wird sich bei den Klimahilfen wiederholen: erst, wenn wir unser Ziel erreicht haben, kommen die ärmeren Nationen dran. So denken „reiche" Industrieländer, die für 80% der weltweiten CO_2-Emissionen verantwortlich sind! Dabei weiß inzwischen jedes Kind, mit <u>nacheinander</u> ist nichts gewonnen, nur gemeinsames und gleichzeitiges Handeln hat eine Chance zum Erfolg. Insofern ist die Ankündigung Indiens, das auch zu den größten CO_2-Sündern zählt, erst 2070 CO_2-neutral zu werden, ein Tiefschlag für alle Nationen, die große Anstrengungen unternehmen, um 2050 das Ziel zu erreichen.

Aber auch China postuliert sein eigenes CO_2-Ziel und will erst 2060 kohlendioxyd-neutral sein. Da können sich die übrigen Länder noch so anstrengen, auf diese Weise ist ein Erreichen und Bewahren des Temperatur-Korridors von +1,5°C bis 2,0°C utopisch.

Die FAZ von heute hat ein UNEP-Szenario (UN-Umweltprogramm) veröffentlicht, wie stark die jährlichen Treibhausgas-Emissionen bis 2030 reduziert werden müssen, um die Erderwärmung bis zum Jahr 2100 (!) auf +1,5°C bis 2,0°C zu begrenzen; das Ergebnis ist erschreckend: Bleibt es bei den nationalen Zusagen nach dem Pariser Abkommen von 2015, wird sich die Erderwärmung auf +2,7°C erhöhen, sich also verdoppeln.

- Will man bis 2050 dem 1,5 Grad-Ziel näher kommen, müssten sich die CO_2-Emissionen innerhalb der nächsten 8 Jahre halbieren.
- Mit den gegenwärtigen nationalen Klimaschutzplänen lasse sich jedoch der CO_2-Ausstoß bis 2030 nur um magere 7,5% reduzieren.

- Will man vermeiden, dass die Erderwärmung nicht über +2 Grad ansteigt, müssen jährlich 15 Mrd. t. CO_2 eingespart werden.
- Soll das ehrgeizige und ambitionierte +1,5 Grad-Ziel erreicht werden, müssen jährlich sogar 28 Mrd. t. CO_2-Emissionen vermieden werden.

Aus heutiger Sicht scheinen diese Ziele unerreichbar. UN-Generalsekretär Antonio Guterres fasst das in einem Satz zusammen: „Wir steuern auf eine Klimakatastrohe zu." Der Mann ist gut, was heißt „zusteuern"? Wir sind längst mittendrinn!

Mittwoch, 3. November 2021

Wollte mir heute Vormittag unter anderem einen neuen BH meiner italienischen Lieblingsmarke kaufen, da durfte ich am eigenen Körper erfahren, wie ärgerlich es ist, wenn „Lieferketten" unterbrochen werden, wegen Corona, Staus im Suez-Kanal oder nicht abgefertigter Container in Rotterdam. Mein Wunsch-BH in meiner Wunsch-Farbe war jedenfalls in meinem Potsdamer Fachgeschäft nicht ausverkauft, sondern nur „zurzeit nicht lieferbar", ich solle Anfang Dezember noch einmal nachfragen. Auf Nachfrage erfuhr ich, dass das gute Stück in Italien entworfen und entwickelt, dann samt Stoff nach Tunesien verschifft wird, wo es genäht und appliziert wird, zusammen mit Metall- oder Plastik-Schließen, die aus China kommen - nur leider nicht in den letzten Wochen, weil die chinesische Wirtschaft nach Corona erst langsam wieder hochgefahren werden muss.

Eine gute Freundin von mir (noch grüner als ich)

wollte mir etwas Gutes antun und empfahl mir das „Kellerschnäppchen" in Berlin-Kreuzberg, wo es auch gebrauchte, immer noch hochwertige Marken-BHs gibt, sowie Wäsche und Bettwäsche. Ich dankte knapp, fast pikiert und entschloss mich, übergangsweise mein Glück bei Tchibo zu versuchen - lag auf meinem Weg und war bezahlbar.

In Glasgow haben sie auf dem Klimagipfel tatsächlich ein Abkommen getroffen, das Premierminister Boris Johnson jubeln ließ: 110 Nationen, in denen 85% aller Waldflächen dieser Erde liegen, haben ein Waldabkommen zum Stopp der Entwaldung bis zum Jahre 2050 unterzeichnet. Das bedeutet, bis 2030 sollen nicht mehr Bäume gefällt als neue angepflanzt werden. Was für eine Zeitverschwendung, bis dahin vergehen noch 9 lange Jahre, was und wieviel vernichten da Waldbrände und Raubbau?

Das Beispiel BRASILIEN macht es deutlich: Auf der Glasgower Klimakonferenz verspricht der brasilianische Vizepräsident, bis zum Jahre 2027 den illegalen Holzeinschlag im Amazonas-Regenwald zu beenden. Mir sträuben sich die Nackenhaare. Warum, zum Teufel, geht das nicht schneller? Dieser Regenwald ist die Lunge der Welt und eine entscheidende CO^2-Senke, was man vom Grunewald in Berlin nicht unbedingt behaupten kann. Deshalb ist es so wichtig, dass die großen, zusammenhängenden Waldgebiete geschützt werden müssen. Aber das interessiert den brasilianischen Präsidenten Bolsonaro überhaupt nicht; sein Wald hat den Rest der Welt nichts anzugehen. Noch kurz vor der Klimakonferenz lässt er es zu, dass in einem Ausmaß Bäume gefällt werden, wie man es sich kaum vorstellen kann: Nach Angaben des Nationalen Instituts für Weltraumforschung (INPE), das Satellitendaten auswertet, legte die Abholzung im Amazonasgebiet in der Zeit von August 2019 bis Juli 2020 um fast 10% gegenüber dem Jahr davor, zu.

In absoluten Zahlen bedeutet das: Es wurden über 11.000 km² Tropenbäume gefällt und teuer verkauft. Das entspricht rund 3 Fußballfeldern - in der Minute! Wenn das so weiter geht, hat Brasilien in 6 bis 7 Jahren weitere 60.000 bis 70.000 km² Regenwald verholzt und verhökert.

Vermutlich stellt es sich dann in die Reihe derer an, die sich ihr Waldaufbauprogramm von 12 Geberländern (u.a. Norwegen, Deutschland, Großbritannien) finanzieren lassen. Immerhin wurden in Glasgow für dieses Programm 12 Mrd. US-Dollar bis 2025 zugesagt.

Fairerweise muss man sich auch eingestehen, dass Brasilien nicht der einzige Waldvernichter ist, auch andere Länder in Asien und Afrika mit reichlich Regenwald gehen nicht zimperlich mit den Abholzungen um. Einschließlich der gewaltigen Waldbrände rund um das Mittelmeer und in Kalifornien ist 2021 weltweit eine Waldfläche von 268 000 km² vernichtet worden - eine Fläche so groß wie Großbritannien.

Ich halte diese grünen Lungen für so wichtig für die Menschheit und das Erdklima, weil es einfach keine bessere, natürliche CO_2-Senke gibt. Wir alle blasen Jahr für Jahr über 30 Mrd. t. Kohlendioxyd in die Luft, davon werden ca. 15 Mrd. t. Jahr für Jahr durch das natürliche Ökosystem aufgenommen und gespeichert - eine geniale Technik der Natur, die sich nicht ersetzen lässt, die wir aber durch maßloses Abholzen schwächen. Jeder verantwortliche Politiker weiß um die ökologischen Zu-sammenhänge, handelt aber trotzdem nicht immer da-nach, „weil Gier fressen Seele auf."

In Deutschland wird der Wald nicht nur besungen sondern auch gepflegt. Mit 11 Mio. ha. ist unser Wald die wichtigste natürliche Kohlenstoffdioxyd-Senke mit einer Absorbierungskapazität von jährlich 60 bis 80 Mio. t. CO^2. Aber leider sind auch bei uns die Zahlen rück-läufig, zwar nicht durch Raubrodung, sondern durch Ne-benwirkungen des Klimawandels: Hitze und Trockenheit schädigen die Bäume und der Baumkäfer frisst sich durch die geschwächten Kiefern und zerstört dadurch einen Großteil unserer Wälder.

Daniel schaut mir beim Tagebuchschreiben über die Schulter und staunt über mein Detailwissen, das ist doch eine unerwartete Anerkennung, über die man sich freut. Hoffentlich sehen das auch meine Parteikollegen so. Das Klima- und Umweltministerium wäre für mich das Wunschziel nach all den Studien und angesammel-tem Wissen auf diesem Gebiet, aber ich werde es nicht fordern, man muss es mir schon antragen und zeigen, dass man es mir zutraut.

Donnerstag, 4. November 2021

Ich weiß nicht, ob mich mein Gefühl täuscht, aber nach all dem, was ich aus Glasgow höre, fallen die Bret-ter ziemlich dünn aus, die da gebohrt werden. Es muss unbedingt ein sichtbarer Erfolg her, aber möglichst nach dem Motto: „Wasch mir den Pelz, aber mach mich nicht nass." Nach dem finanziellen Aderlass durch die Corona-Pandemie reißt sich kein Land darum, für

Klimaprojekte Milliardensummen bereitzustellen. Zum Glück hat man schon das „Waldaufforstungsprogramm" aus der Taufe gehoben, nun soll noch das Methangas herhalten, um der Welt zu zeigen, wie professionell die 120 versammelten Länder rangehen, um die globale Aufheizung doch noch zu bremsen.

Jetzt müssen die Landwirte daran glauben und ihren Obolus entrichten, die man als Mitschuldige der Klimakatastrophe ausgemacht hat. Entweder sie bezahlen für den unerwünschten Methanausstoß ihrer Wiederkäuer oder sie verringern den Methanausstoß drastisch. So beschlossen es die Vertreter von mehr als 100 Staaten, die übrigens alle keine Landwirte sind.

Im Vergleich zu 2020 wollen diese Länder die Methanemissionen in den nächsten 9 Jahren um mindestens 30% reduzieren. Die EU-Kommissionspräsidentin Ursula v. d. Leyen äußerte sich dahingehend, dass die Reduzierung des Methans, was sich relativ schnell umsetzen ließe, „den Klimawandel sofort bremse". Tja, liebe Frau v. d. Leyen, da wäre ja endlich die CO^2-Sofortbremse, auf die alle Welt wartet und wofür die FFF-Bewegung auf die Straße geht. Herzlichen Glückwunsch!

Methan entsteht bekanntlich durch Fermentation im Verdauungstrakt der Rinder und anderer Wiederkäuer. Diese rülpsen und furzen das Gas permanent aus. Im Gegensatz zu CO^2, das hunderte von Jahren die Atmosphäre belastet, zerfällt Methan bereits in weniger als 20 Jahren. Das Problem der unendlichen Akkumulation von CO^2-Gasen in der Atmosphäre, entsteht bei Methangas gar nicht, weil die Verfallszeit so unendlich viel schneller verläuft als beim trägen Kohlendioxyd, sodass man die Rinderherden nicht unbedingt als Verderber der

Klimabilanz hinstellen sollte.

Wenn also die EU und die Vereinigten Staaten beschließen, die Methanemissionen um 30% zu senken, dann müsste die Rinderproduktion um mindestens 25% eingeschränkt werden. Die Entwicklungsländer werden sich für diesen Ratschlag bedanken und gar nicht daran denken, ihren Rinderbestand zu verkleinern, es sei denn, Wasser- und Futtermangel zwingen sie dazu. Immerhin, die USA arbeiten bereits am Methanproblem: Kaliforniens Milchbauern müssen z.B. den Methanausstoß ihrer Herden bis 2030 um 40% verringern; das soll nicht unbedingt durch entsprechende Reduzierung der Herden geschehen, sondern durch spezielle (teure) Futtermittelzusätze, die bewirken, dass der Rinderrülps oder Furz 10 bis 50% weniger Methan enthält. Da auch Biogas aus Gülle mit 60% Methan belastet ist, ist auch die „Bullen-Strulle" Gegenstand der Forschung.

In Deutschland wird man über Subventionskürzungen in der Landwirtschaft nachdenken müssen. Landreiche Großbauern sollten nicht mit EU-Mitteln angeregt werden, ihre Viehbestände zu vergrößern.

In Glasgow scheinen die Kolonial-Länder offenbar auch die geeignete Bühne für tätige Reue gefunden zu haben: Die USA, Deutschland, GB und Frankreich haben eine „Energiepartnerschaft" mit Südafrika vereinbart, um dort den Ausstieg aus Kohleförderung und Kohlekraftwerke zu beschleunigen. Südafrika versprach daraufhin, 85% der derzeitigen Kohlekraftwerkkapazitäten bis 2050 abzubauen und einige Kraftwerke auf Gas umzurüsten. Wie verlässlich und belastbar solche Zusagen sind, wird die Zeit erweisen. Die Industrieländer versprachen 8,5 Mrd. Dollar, verteilt über 3 bis 5 Jahre,

Deutschland beteiligt sich an diesem Deal mit 700 Mio. Euro. Das Südafrika-Abkommen soll als Vorbild für ähnliche Abkommen mit anderen Schwellenländern dienen. Da werden noch einige finanzielle Belastungen auf uns zukommen!

Die Schwellenländer erwarten, dass sich die „reichen" Nationen zu ihrer „historischen Klimaverantwortung" bekennen, sprich: bezahlen. Tatsache ist, dass die Länder Afrikas, mit Ausnahme von Südafrika, wenig zum globalen Ausstoß von Treibhausgasen beitragen, aber vom Klimawandel mit extremen Dürren hart getroffen sind. Im Alleingang hat daher Schottland ein hoffnungsvolles Zeichen gesetzt, und den afrikanischen „Dürre-Ländern" eine Million Pfund für „Loss & Damages" versprochen, in der Hoffnung, dass andere Länder nachziehen werden.

Hoffen wir mal, dass es nicht dazu kommen wird, dass ehemalige Kolonien die Klimakrise für sich ausnutzen, um die ehemaligen Kolonialmächte zu bedrängen, tätige Reue zu zeigen - aber nicht nur mit einem Taschengeld - als Beweis, dass die Zeit der Unterdrückung unverrückbar und für alle Zeiten vorbei sei und Hilfsbereitschaft die neue Umgangsform in der Partnerschaft angesagt ist.

Sonntag, 7. November 2021

Heute haben wir uns ein ausgiebiges Frühstück gegönnt. Die Woche war stressig mit dem täglichen Klein-Klein-Verhandlungen und Kompromissen in unserer geplanten Ampelkoalition.

Es ist wie eine Tour im Himalaja: Je näher man sich

dem Gipfel nähert, umso kleiner werden die Schritte, das Lächeln gefriert auf den Lippen und die Luft zum Atmen wird dünner.

Daniel legt den TAGESSPIEGEL beiseite, legt mir die Hand auf die Schulter und fragt, warum ich das alles mache. Er könne sich auch nicht vorstellen, in mir nur Hausfrau und Erzieherin zu sehen, aber Vollzeitpolitik zu treiben und dann noch professionell die Klimaauswirkungen in allen Facetten zu studieren und auszuwerten, halte er für übertrieben, das zehre an den Kräften. Und dann noch der Zeitaufwand für das Tagebuchschreiben - Du übernimmst Dich!

Ich schaue ihn verständnisvoll an und beruhige ihn mit meinem gefassten Beschluss, das Tagebuch mit dem 31. Dezember 2021 zu beenden. Auch ich liebe die Freizeit und meine Familie ist mir ebenso wichtig wie mein politisches Engagement. Politik ist ein dünnes Eis und Familie der feste Boden, auf dem man steht und ich wolle weder ausrutschen noch im Eis einbrechen und womöglich untergehen, daher wird die Familie immer obenan stehen. Dennoch musste ich einfach mal mit dem Tagebuchschreiben beginnen, die letzten 90 Tage brachten mir so viel an neuen Erkenntnissen und Einsichten, aber auch an Ängsten, die es wert waren, festgehalten zu werden.

Vielleicht sind meine festgehaltenen Gedanken, Begegnungen und Erlebnisse später einmal eine solide Grundlage für ein neues Buch; dann schreibe ich nach „JETZT" den 2. Band „DAMALS", dann aber zitierfreudiger.

Das politische Ressort „Umwelt und Klima" würde ich

gerne in einer neuen Regierung verantworten, weil dieses Thema nicht nur jetzt so brennt und die Zeit drängt, sondern weil es uns noch über Jahrzehnte begleiten wird. Wir sind am Anfang eines wirtschaftlichen, politisch-ökologischen Umbruchs und ich will nicht nur dabei sein, sondern nachhaltig mitwirken, scheitern mit eingeschlossen. Das ist der Grund, warum ich momentan so viel Kraft und Zeit in dieses Thema investiere. Das Fundament für eine nachhaltige, akzeptierte Klimapolitik muss jetzt sorgfältig gelegt werden, damit später einmal eine Klimaernte eingefahren werden kann, die man als „überdurchschnittlich" bewerten soll. Dafür bedarf es keiner hektischen Umtriebigkeit, sondern eines langen Atems, eines dicken Felles und Augenmaß, gepaart mit Sachverstand und Überzeugungskraft. „Du hast das dicke Konto vergessen", sagte Daniel trocken, „und wenn das alles aufgeht, bekommst Du den Klima-Nobelpreis."

Sonntag, 14. November 2021

Mit einem Tag Verspätung ist die Weltklimakonferenz in Glasgow zu Ende gegangen. War es ein Erfolg? Jein! Einen endgültigen Ausstieg aus der Kohle haben Indien und China vermasselt. Mit 50% Anteil am Treibhausgas hat die Kohle den größten Einfluss auf die ansteigende globale Erdtemperatur und mit einem Hinauszögern des Kohleausstiegs des größten CO_2-Emittenten, China, sowie des drittgrößten, Indien, auf die Jahre 2060 und 2070 ist die Eingrenzung der Erderwärmung zwischen 1,5° und 2,0° C. schlichtweg nicht möglich. Diese Abwehrhaltung ist ein Affront gegenüber den Signatarstaaten, die sich freiwillig bereiterklärt haben, sich von fossilen Energieträgern zeitnah zu trennen.

Indien hat es doch tatsächlich geschafft, dass im Glasgower Abschlussprotokoll das Wort „Kohleausstieg" gegen das unverbindliche „Kohle-Herunterfahren" ausgetauscht wurde - kann man da von einem Erfolg sprechen?

UN-Generalsekretär Antonio Guterres jedenfalls waren die in Glasgow erzielten Absichtserklärungen und Vereinbarungen zu mager. „Unsere zerbrechliche Welt hängt am seidenen Faden", war sein trauriger Kommentar; er hatte mehr erwartet und ich auch! Wie soll das gehen, eine von uns definierte Erdtemperatur zu halten, wenn Indien sich erst 2070 von der Kohle verabschiedet? Bis dahin haben wir wahrscheinlich die Prognosen von Herrn Lauterbach mit +4,5°C übertroffen und wir alle schmoren im eigenen Saft.

Indiens Weigerung, die Kohleproduktion zeitnah aufzugeben und auch deren Gebrauch, hat natürlich Gründe; Indien fehlt das Kapital, die Umrüstung auf grünen Strom zu finanzieren. Auf der anderen Seite wird keine Bank der Welt mehr Kredite für Investitionen, die im Zusammenhang mit fossilen Brennstoffen stehen, vergeben. Internationale Maschinen- und Autobauer werden auch von ihren Banken gedrängt, „sauberen" Stahl zu verwenden und keinen Billigstahl aus veralteten Kohleöfen. Langfristig wird sich auch Indien nicht diesem Zwang entziehen können.

Das Ganze könnte auf eine kleine Erpressung hinauslaufen. Nachdem die am COP 26 teilnehmenden Entwicklungsländer mit großem Interesse mitbekommen haben, dass die EU und insbesondere Deutschland mit beachtlichen finanziellen Mitteln Südafrika den Ausstieg aus der Kohleproduktion und -verwertung erleichtern wollen, wäre das für Indien eine günstige Gelegenheit - nach einer gewissen Schamfrist - ähnliches einzufordern. Es würde mich nicht wundern, wenn im Laufe der nächsten Jahre sich ein Deal anbahnt, Indiens Kohleverbrauch im Interesse einer globalen CO_2-Minimierung weitaus früher zu reduzieren gegen Zahlung einiger Milliarden Dollar. Sollte es tatsächlich dazu kommen, und macht das Beispiel Schule, wird eine Kostenlawine auf die "reichen" Länder zukommen, die sich gewaschen hat. Neben den gewaltigen Kosten für die eigene Umrüstung auf CO_2-sparende Energiequellen dürfen sie zusätzlich noch die Grünstromkosten der Entwicklungsländer schultern. Den „fairen" Kostenschlüssel für die Geberländer zu definieren, wird für zusätzlichen Zündstoff bei den betroffenen Industrieländern sorgen. Es wird nicht an Ausflüchten mangeln durch wiederholte Hinweise auf abnehmende Akzeptanz im eigenen Land, Inflation oder Gefahr einer Staatspleite.

Die Angst der Politiker vor 2030

2030: In 9 Jahren schon haben wir das Jahr der gnadenlosen Abrechnung erreicht. 9 Jahre noch haben wir eine kleine Chance, den in Paris 2015 vereinbarten Zielen näher zu kommen - erreichen werden wir sie nicht! 2030 wird das Jahr der Wahrheit, und es wird sich zeigen, ob wir, wie der Kaiser von China in Andersens Märchen, nackend dastehen, ohne klimatische Verbesserungen, oder ob wir einen substantiellen Beitrag zur CO_2-Reduzierung geleistet haben.

2030 ist Bilanzstichtag, entweder mit einer soliden, belastbaren GuV-Rechnung oder einer geschönten „Wirecard-Bilanz", die man uns um die Ohren haut. 2030 wird sich erweisen, ob man uns Grüne feiert oder feuert!

Falls ich Umwelt- und Klima-Ministerin in unserer neuen Regierung werden sollte - und es vor allem auch noch 2050 bin - werde ich es sein, die unsere nationalen Ergebnisse zu präsentieren, zu vertreten und zu verteidigen hat.

Ja, ich mache mir schon heute einige Gedanken, in welchen Bereichen wir reüssieren könnten und wo wir - trotz aller Anstrengungen - völlig daneben liegen werden.

Und dann müssen unsere Ergebnisse auch noch im Welt-Kontext gesehen und analysiert werden - ein schwieriges Unterfangen - denn nicht nur unsere Wähler wollen sehen, welchen Nutzen unsere Anstrengungen und vor allem die finanziellen Opfer der Bürger für unser Land und unseren Planeten gebracht haben.

Da wird mir schon jetzt ganz schwindelig, wenn ich die aktuellen Zahlen allein aus China betrachte: Fast ein Drittel aller CO_2-Emissionen der Welt stammen aus

China, bei nur 18% der Weltbevölkerung. Die 1,4 Milliarden Chinesen produzieren pro Kopf so viel Kohlendioxyd, wie alle OECD-Länder zusammen, und das soll auch nach Vorstellungen Pekings, bis 2060 so bleiben. Mit diesem Zeithorizont im Blick, wird sich in den nächsten 50 bis 100 Jahren keine Klimaverbesserung erreichen lassen, ganz zu schweigen von einer Temperatur-Rückführung auf das Niveau von 1850.

Es ist schlechterdings heute nicht vorstellbar, wie China es schaffen will, jährlich 11 Mrd. t CO^2, die sich bis 2030 mindestens verdoppeln werden, bis zum Jahre 2060 auf 0 herunterzufahren.

Die USA, deren Weltanteil am CO^2-Ausstoß nur ein Drittel des chinesischen Ausstoßes beträgt, sind bereits im CO^2-Sinkflug und stöhnen jetzt schon über die Kosten, die die ökologischen Verwerfungen mit sich bringen. Aber sie haben den Ehrgeiz und den festen Willen, es China zu zeigen. Da sind natürlich auch politische Machtdemonstrationen im Spiel und nicht nur der Anspruch, Retter unseres Planeten zu sein.

Das ist ein nicht zu unterschätzender „Vorteil" eines autoritär regierten Landes wie China gegenüber Demokratien. China kann, ohne Rücksichtnahme auf internationale Interessen oder Abkommen unpopuläre Entscheidungen treffen und umsetzen, wenn es dem eigenen Land nutzt. Die Anstrengungen der anderen, demokratisch geführten Länder werden konterkariert; sie müssen ohnmächtig zusehen, wie ein einziges Land dank seiner schieren Größe und wirtschaftlichen Potenz, sich für Jahrzehnte ungestraft Wettbewerbsvorteile verschafft, indem es sich nicht regelkonform verhält.

Es wird nicht lange dauern, bis es in den demokratisch

geführten Volkswirtschaften rumort. Die Sinnhaftigkeit der eigenen Anstrengungen wird in Frage gestellt, wenn andere mauern und man selber wohl oder übel den Riemen enger schnallen muss. Das geht eine Weile gut, bis sich die Wut in Krawallen und Straßenschlachten entlädt, wie wir es bereits bei den jüngsten Anti-Masken-demonstrationen während der Corona-Pandemie erlebt haben, mit Schadensfolgen, die keine Versicherung bezahlt.

Die Aufgabe, die vor uns liegt, und die wir zügig zu lösen haben, klingt auf den ersten Blick unkompliziert: Seit Generationen haben vor allem die Industrieländer viel zu viel Kohlendioxyd in die Atmosphäre geblasen und diese Länder sind dazu aufgefordert, den Schaden zu begrenzen, d.h., die CO^2-Emissionen drastisch zu senken. Die GCP (Global Carbon Project) hat es übernommen, den weltweiten Überschuss an CO^2 zu bestimmen und jährlich zu veröffentlichen. Gleichzeitig, neben aller CO^2-Quellen, erfasst sie auch alle CO^2-Senken, wie Ozeane (26%) sowie Moore, Wald und Wiesen (29%). Fast die Hälfte aller CO^2-Emissionen geht Jahr für Jahr in die Atmosphäre, das sind 17 Mrd. Tonnen p.a., die den Treibhauseffekt permanent verstärken. Erst wenn diese 17 Mrd. t. CO^2 eliminiert werden und nicht mehr die Atmosphäre belasten, spricht man von einer CO^2- Neutralität; mit Klima hat das aber erst mal gar nichts zu tun. Was so simpel klingt, ist allerdings mühsam und nur sehr langfristig umsetzbar, aber es muss gelingen, wenn wir nicht alle verdorren, verdursten und verhungern wollen.

Wir alle wissen inzwischen um die lebenswichtige Bedeutung der CO^2-Reduzierung: Alles CO^2, das sich in den letzten 150 Jahren in der Atmosphäre angesammelt hat, ist der Grund für den schleichenden, kontinuierlichen Anstieg der Erdtemperatur auf inzwischen fast +1,5°C. Auf diesem Level möchte die aufgeschreckte Menschheit den Temperaturanstieg beendet sehen, was natürlich eine Fiktion ist, denn mit jeder weiteren Tonne Kohlendioxyd in der Atmosphäre verzögern wir ein Nachlassen des Temperaturanstiegs und erst recht eine Trendwende. Wenn dann 2050 die CO_2-Neutralität tatsächlich erreicht werden sollte, (ohne China und Indien) so sind doch gleichwohl in den verbleibenden 29 Jahren weitere Milliarden Tonnen Kohlendioxyd in die Atmosphäre geblasen worden, die es verhindern, dass 2050 die Temperaturen eine Richtungsänderung signalisieren und uns vorindustrielles Klima bescheren.

Diese einfachen physikalischen Zusammenhänge veranlassen nicht nur Herrn Lauterbach, sondern auch eine Vielzahl von internationalen Klimaforschern, eher eine Verdreifachung des Temperaturanstieges zu prognostizieren, als ein Verharren auf dem derzeitigen Niveau.

Fakt ist, dass niemand z.Zt. schlüssig sagen kann, wo und wann temperaturmäßig das Ende der Fahnenstange erreicht sein wird. Es gibt so viele Klimamodelle mit tausenden Determinanten, so dass alle bisher genannten Temperaturzuwächse auf Erden von +2°C bis +5°C denkbar sind. Was das für die "Risiken und Nebenwirkungen" bedeutet, auf die wir uns gefasst machen müssen, wage ich nicht, mir auszumalen, wenn ich sehe, wie Mensch und Natur bereits bei den jetzigen Temperaturen leiden.

Deutschland soll und muss bis 2030 seinen CO_2-Ausstoß um 65% vermindern. Am einfachsten wäre es, dafür die Natur einzusetzen, d.h., unsere natürlichen CO_2-Senken (Wald, Moore, Wiesen) soweit auszudehnen, dass sie die überflüssigen CO_2-Mengen aufnehmen und dauerhaft binden. Deutschland emittiert jährlich ca. 900 Mio. t. CO_2. Soll diese Menge der Natur zurückgegeben werden, müssten wir anfangen über 100.000 km² neuen Wald zu pflanzen, mit Bäumen, die nicht durch Hitze oder Borkenkäfer gefährdet, sondern in der Lage sind, für viele Jahrzehnte den ansteigenden Temperaturen standzuhalten.

Da 1 km² erwachsener Wald ca. 800 t. CO_2 binden kann, wären demnach über 100.000 km² an Neuanpflanzungen nötig, um unseren gesamten jährlichen CO_2-Ausstoß zu binden, was natürlich utopisch ist, denn das entspräche einer Fläche von Bayern und Baden-Württemberg. Aber das Beispiel zeigt anschaulich die Kapazitätserfordernisse eines natürlichen CO_2 Speichers im Verhältnis zur entsorgungspflichtigen CO_2-Menge.

Zurzeit stehen in Deutschland knapp 2.800 km² Nutzfläche für Neuanpflanzungen von Waldbäumen zur Verfügung, die zuvor durch Trockenheit und Waldbrände vernichtet wurden. Bei Neubepflanzung und nach wenigstens 20-jähriger Reifezeit, könnte man mit dieser Methode lediglich 2,2 Mio. t. CO_2 jährlich binden - ein mageres Ergebnis.

Es läuft also alles darauf hinaus, das Schwergewicht der CO_2-Minimierung nicht auf natürliche CO_2-Senken zu legen, sondern auf die bewusste Vermeidung von CO_2-Emissionen, was nichts anderes heißt, als sich von

Kohle, Öl und schließlich auch von Gas zu verabschieden und Energie aus „grünem" Strom zu gewinnen.

Unsere Politiker wollen ja bis 2045 die „grüne Null" erreichen, aber wie? Zwei Fragen sind in diesem Zusammenhang zu beantworten:

1.) Wie gewinne ich ausreichenden Ökostrom, als Ersatz für fossile Brennstoffe?
2.) Welche kohlendioxyd-produzierende Bereiche sind mit welchen Maßnahmen dauerhaft CO_2-sparsamer zu gestalten?

Hier hat sich die Aufteilung der relevanten CO_2-Sünder in 5 Bereiche europaweit bewährt:

- Energieversorger
- Industrie
- Verkehr
- Wohnungsbau
- Landwirtschaft einschließlich Forstwirtschaft.

Zu 1.) Bereitstellung von Ökostrom

Die Vorgänger-Regierung hat bei der Umstellung auf Ökostrom einen entscheidenden Fehler gemacht, der sich jetzt rächt: Es wurde der zweite Schritt vor dem ersten gemacht, d.h., für den Ausbau von Ökostrom geworben und getrommelt und gleichzeitig das sofortige Aus für Atomstrom und zeitlich versetzt, auch für die Kohleverstromung beschlossen, ohne dass auch nur ansatzweise Ökostrom in der benötigten Menge zur Verfügung stand.

Die Kohleentscheidung war richtig, weil sie früh genug angekündigt wurde und damit den Planungsspielraum erweiterte. Gleichwohl geht der FFF-Bewegung der Ausstieg aus Braun- und Steinkohle nicht schnell genug. Immerhin hat ihr Druck bewirkt, dass Vorverhandlungen mit RWE & Co laufen, ob es nicht möglich sei, - natürlich mit Vorfälligkeitsentschädigung - statt 2038 schon 2030 aus der Kohleverstromung auszuscheiden. Natürlich ist das möglich, aber ob es auch klug ist, steht auf einem anderen Blatt, denn momentan, sprich im 3. Quartal 2021, beträgt der Anteil konventionell hergestellten Stromes knapp 57% (Kohle 32%, Kernenergie 14,2%, Erdgas 8,7%). Dagegen kamen erneuerbare Energien nur auf 43% (Windkraft 16,6%, Photovoltaik 13,3%, Biogas 6%, Wasserkraft 4,2%).

Fatal, fatal, denn unsere Ampelregierung will ja den Anteil des Stroms aus erneuerbaren Energien bei 80% sehen, aber ich sehe nicht, wie das so schnell gelingen soll. Das einzige, was ich sehe, ist der Stromimport aus Frankreich - natürlich Atomstrom -, der sich mehr als verdoppelt hat.

Vielleicht war das endgültige Aus für unsere Atommeiler eine Kurzschlusshandlung unserer Kanzlerin - aber nun ist es geschehen, und ein Rückbau soll technisch nicht möglich sein, so die Fachleute. Uns wird der Strom fehlen, den wir in den nächsten 10 bis 20 Jahren dringend benötigen, wahrscheinlich mehr als 750 Terawattstunden. Die „Erneuerbaren" werden uns das nicht liefern, jedenfalls nicht in der benötigten Menge, um bereits 2030 aus der Kohleverstromung ausscheiden zu können. Uns fehlt dann ein Ersatz dieser Grundlasterzeuger und wollen wir nicht noch stärker abhängig werden vom importierten französischen Atomstrom, dann hängen wir am Fliegenfänger - ein Horrorszenario. Auf Dauer werden wir Grünen damit ein riesiges Problem bekommen und wir müssen uns entscheiden:

- Weiterhin fossile Energieträger einsetzen?
- Atomstrom aus Frankreich beziehen?
- Eigene moderne Atommeiler installieren?

Eine Umsetzung der industriellen Transformation in Deutschland erfordert nach Expertenberechnung ein Mehrfaches an Strommengen im Vergleich zu heute. Allein die chemische Industrie geht nach einer Schätzung der BASF von einem Stromverbrauch aus, der höher liegt als unser gesamter heutiger Bedarf.

Deutlicher drückt sich der Geschäftsführer des Verbandes der chemischen Industrie (VCI), Wolfgang G. Entrup, aus: „Wir brauchen brutal günstigen Strom, und das in unvorstellbaren Mengen, und die auch noch 24 Stunden Tag und Nacht, 7 Tage in der Woche."

Der Verband schätzt, dass sich der Strombedarf der Chemie-Industrie bis Mitte der 2030er Jahre auf fast 630 Terawattstunden mehr als verzehnfachen wird!!

Und das soll ohne Atomstrom gehen?

Selbst die Internationale Energie Agentur (IAEA) hat auf dem Glasgower Klimagipfel nachgewiesen, dass ein Erreichen der angepeilten CO^2-Reduktion bis 2045 ohne Kernkraft nicht möglich sein wird - das gibt doch zu denken. Machen wir nicht wieder den Fehler, indem wir mit Kohle und Kernenergie über 40% unserer jetzigen Energiequellen aufgeben, ohne die Sicherheit, über die gleiche Menge an erneuerbaren Energien zu verfügen.

Ich fürchte, die Bereitstellung von ausreichenden Mengen Ökostrom zu bezahlbaren Preisen in nur 8 Jahren wird ein Wettlauf gegen die Zeit und gegen die ansteigenden Kosten, den wir nicht gewinnen können. Der Bundesverband der Energie- und Wasserwirtschaft rechnet damit, dass bis zum Jahre 2030 rund 700 Milliarden Kilowattstunden grüner Strom pro Jahr erforderlich sein werden, um die gesetzten Klimaziele zu erreichen. Digitalisierung, erwartete 15 Millionen Elektro-Fahrzeuge, 15 Gigawatt Elektrolysekapazität zur Produktion von Wasserstoff und zum Betreiben von mehreren Millionen Wärmepumpen ist allein mit Windrädern und Solaranlagen nicht zu schaffen. Wir haben es ja noch nicht einmal geschafft, 1.200 km Stromtrassen vom windreichen Norden nach Bayern und Thüringen zu verlegen: 200 km in 9 Jahren! Am Stuttgarter Hauptbahnhof wird bereits seit 20 Jahren gebastelt und niemand weiß, wann er fertig wird, von der Kostenexplosion ganz zu schweigen. Andere Beispiele wären der BER, die Elbphilharmonie oder das Segelschulschiff Gorch Fock.

Zusammenfassend lässt sich feststellen, dass wir Unmengen an grünem Strom benötigen, um irgendwann CO_2-neutral leben und produzieren zu können, ohne unseren gewohnten Wohlstand zu verlieren. Die Wohlstandsdeterminante ist nicht zu vernachlässigen. Wenn wir weniger heizen, Autofahren, reisen, feiern oder essen würden, sprich den Riemen enger schnallen, lässt sich auch viel CO_2 sparen, auch wenn wir auf Exportrekorde verzichten wollen - die Frage ist nur, wollen wir das?

Ich will damit nicht sagen, dass Deutschland in Sachen erneuerbarer Energien gepennt hätte. Nein, die im Jahre 2020 gewonnene Energie aus erneuerbaren Quellen von 455 Milliarden Kilowattstunden ist ein beachtlicher Wert, eine Verdoppelung innerhalb von 10 Jahren!

Dennoch sollte man immer im Hinterkopf behalten: Ohne Sonne, kein Strom; ohne Wind, kein Strom! Und leider muss man auch konstatieren, dass die Ausbauraten für Wind- und Sonnenenergie in den vergangenen Jahren drastisch eingebrochen sind. Wenn hier nicht deutlich gegengesteuert wird, wird die Energiewende ganz gewiss scheitern. Die Kohleverstromung kann daher nur aufgegeben werden, wenn wir entweder fünfmal mehr Windenergie pro Jahr und dreimal mehr Photovoltaik installieren [14] - oder entsprechend Atomstrom nutzen.

Die Verfünffachung der Windenergie pro Jahr ist eine wohlfeile Forderung und sagt sich so leicht daher. Aber rechnet man die fehlende Energie in die Anzahl fehlender Windmühlen um, dann kommt man auf ca. 1.600 neue Windaggregate, d.h., es müssten täglich 5 bis 6 neue Windmühlen in Betrieb gehen, um das geforderte Ergebnis zu erreichen. Selbst ein Laie wird einsehen, dass das völlig unrealistisch ist.

Die Genehmigungsprozesse für neue Windräder betragen 5 bis 7 Jahre. Es ginge schneller, würde man die Klagemöglichkeiten gegen Windparks begrenzen, aber das werden Naturschützer zu verhindern wissen. Bleibt offenbar nur die Möglichkeit, Rotorblätter an alten Windanlagen gegen längere Flügel auszutauschen, um mehr Energie pro Umdrehung zu generieren. [15]

Die **Energie-Erzeugung** gilt weltweit als größter

CO^2-Sünder mit 35% Anteil am weltweiten Kohlendi-oxyd-Ausstoß. Das ist in Deutschland nicht anders. Dennoch bin ich optimistisch, dass wir bei der Stromer-zeugung durch erneuerbare Energien zu Lasten der Kohleverstromung gut vorankommen werden, denn alle wollen es: die Versorger, die Industrie, die Verbraucher und die Politiker. Wenn nicht der Wettlauf gegen die verbleibende Zeit wäre. Den Druck, bereits bis 2045 CO^2-neutral zu sein, haben wir uns selber aufgehalst - das wird sich rächen! Forschung und Entwicklung brau-chen ihre Zeit, vor allem, wenn wir die Wasserstoff-Technologie in großem Stil einsetzen wollen.

Da die Kohle, von der wir uns bis 2045 trennen wol-len, nicht im gleichen Umfang durch Windkraft oder Photovoltaik ersetzt werden kann, werden wir auf Erd-gas als Zwischenlösung zurückgreifen müssen - falls wir es uns leisten können:

- Erdgas, das zwar CO^2-ärmer als Kohle, aber nicht Co^2-frei ist,
- Erdgas, dessen Preis in den letzten Monaten steil nach oben ging,
- Erdgas, das uns der Russe auch abdrehen kann, je nach politischer Wetterlage, und das macht uns er-pressbar.

Die Erdgasspeicher in Deutschland haben kurz vor dem Jahresende einen beängstigend niedrigen Füll-stand. Solange der Betrieb von Northstream2 nicht ge-nehmigt ist, wird es wohl „Lieferschwierigkeiten" geben. Man mag sich kaum vorstellen, was passiert, wenn ein kalter Winter auf leere Speicher trifft...

Trotz allem: Eine CO^2-Neutralität halte ich in der

Energieerzeugung grundsätzlich für machbar, nur nicht in der vorgegebenen Zeit.

Einer der großen Stromverbraucher und CO_2-Sünder ist die **Industrie**. Mit der chemischen Industrie, der Stahlindustrie und der Zementherstellung haben wir drei exemplarische Bereiche, die kooperativ mit der Politik zusammenarbeiten. Sie haben früh erkannt, dass auf Dauer kein Weg an Grünstrom vorbeigehen wird, wenn man aktiv die CO_2-Bilanz verbessern will.

Aber auch sie wissen, dass sie wettbewerbsfähig bleiben müssen und erwarten von der Politik, die Voraussetzungen für einen fairen Wettbewerb zu schaffen. Innerhalb Europas ist das gelungen durch Zuteilungen von CO_2-Zertifikaten, ein Teil kostenlos, der fehlende Teil muss, je nachdem wieviel t. CO_2 man emittiert, im Handel oder auf Auktionen gekauft werden. Dieser Preis liegt z. Zt. bei ca. 85,- Euro pro Tonne emittiertem CO_2; vor 6 Wochen lag er noch bei 60,- Euro! Es ist leider nicht zu leugnen, dass der Preis auch durch Spekulationen beeinflusst wird und somit nicht die „echte" Angebots- und Nachfragesituation widerspiegelt.

Industrie und Stromerzeuger wissen, dass die Preise für Treibhausgaszertifikate variabel sind, aber leider nur in eine Richtung: nach oben! Das ist politisch gewollt, um bei Stromerzeuger und Industrie nicht nur Anreize zu bilden, sondern Druck auszuüben, ihre Treibhausgase in kürzester Zeit zu reduzieren.

Alles schön und gut, aber auch hier stellt sich die Frage, woher kommt so schnell der CO_2-freie Ersatzstrom? Auch wenn es nicht in die Ideologie meiner Partei passt: Ich fürchte, wir kommen am Atomstrom nicht vorbei. Wollen wir ihn nicht selber herstellen, werden wir ihn importieren (müssen). Und es gibt mir zu denken, dass der französische Strom-Mix zu 70% aus Atomstrom besteht - was für ein Wettbewerbsvorteil für Frankreich!

Die deutsche Industrie setzt auf dem Weg zur CO_2-Neutralität auf den Einsatz von Wasserstoff, ist aber in der Umsetzung ihrer Pläne in Zeitverzug. Das bei mir um die Ecke beheimatete „Potsdam-Institut für Klimafolgeforschung (PIK)" konstatiert, dass die Industrie bereit ist, in die Wasserstofftechnik zu investieren, aber dazu verlässliche politische Rahmenbedingungen erwartet - zeitnah!

Eine Wasserstofftechnik, mit der sich Energie speichern lässt, dürfte wohl der zentrale Energieträger der Zukunft sein, da ist sich die Industrie einig, solange der Wasserstoff ohne CO_2-Emissionen hergestellt wird. Und da sind wir wieder bei der Frage angelangt, woher soll der grüne Strom kommen, wenn Atomstrom mehrheitlich abgelehnt wird? Die Umsetzung der Wasserstofftechnik wird sich zeitlich solange verzögern, solange nicht die Stromfrage geklärt wird. Was spricht dagegen, übergangsweise wenigstens grauen Wasserstoff zu produzieren, mit Hilfe von Erdgas? Wahrscheinlich die Kosten, denn die Preise für Erdgas gehen bereits durch die Decke!

Das PIK ist sich darüber im Klaren, dass sich der Einsatz der Wasserstofftechnologie nur langfristig rechnen wird. Hilfreich wäre eine Verteuerung des CO_2-Zertifikats auf bis zu 200,- Euro pro Tonne, was aber wohl kaum vor 2030 zu erwarten ist.

Für die Massenfertigung des CO_2-freien Wasserstoffs müssen gigantische Kapazitäten aufgebaut werden, was extrem hohe Investitionskosten voraussetzt. Schon jetzt weist das PIK darauf hin, „dass Wasserstoff nicht zentral alles ersetzen kann". Selbst in 25 Jahren, also im Jahr 2045 - so die Berechnung des PIKs - wird der Wasserstoff lediglich 35% der erzeugten Energien in Deutschland ausmachen.

Und die erhofften 35% Anteil Wasserstoff in unserem zukünftigen Energiemix werden leider kein „grüner!" Wasserstoff sein, dazu sind die benötigten Strommengen zu groß, wie sich leicht nachrechnen lässt: Wir verbrauchen gegenwärtig 90 Mrd. Kubikmeter Erdgas pro Jahr in Deutschland. Da 1 Kubikmeter Wasserstoff nur etwa ein Drittel Energiegehalt gegenüber Erdgas hat, würden 270 Mrd. Kubikmeter Wasserstoff benötigt, um 90 Mrd. Kubikmeter Erdgas zu ersetzen. Um diese gewaltige Menge „grünen" Wasserstoffs mittels Elektrolyse zu erzeugen, bedarf es ca. 1.200 Terawattstunden Grünstrom, das ist mehr als das Doppelte der gesamten deutschen Stromproduktion aus Kohle, Öl, Gas und anderen Energieträgern!!!

Ehe man weiter von Utopia träumt, sollte man kleinere Brötchen backen und „blauen" Wasserstoff herstellen, der aus Erdgas gewonnen wird, was nicht CO^2-frei ist. Aber gegenüber Kohle und Öl sind die Erdgasemissionen erheblich niedriger.

Gleichwohl, risikolos ist die Wasserstoffproduktion mit Erdgas auch nicht: Die Preise steigen in der letzten Zeit rasant und die Abhängigkeit von unserem Hauslieferanten Russland birgt eine nicht unerhebliche Gefahr: Wird uns der Gashahn zugedreht - aus welchen Gründen auch immer - dann lautet die Formel: Kein Gas - kein Wasserstoff! Unser gewünschter Energiemix würde in sich zusammenfallen wie ein Papp-Haus im Regen. Vielleicht ist Atomstrom in der neuesten Anwendungstechnik letztendlich doch die zuverlässigste, CO^2-neutrale Lösung für die nächsten 2O bis 3O Jahre, bis ausreichend Strom aus erneuerbarer Energie zur Verfügung steht?!

Am Beispiel der Eisen- und Stahlindustrie sollen die Volumina angedeutet werden, um die es bei der CO^2-Eleminierung geht. Die Treibhausgas-Gesamtemissionen in Deutschland liegen bei über 900 Mio. t. CO^2 jährlich, 200 Mio. t. davon produziert die energieintensive Industrie, vor allem Stahl (60 Mio. t.), Grundstoffchemie (40 Mio. t.) und Zementindustrie (20 Mio. t.).

Über 61% des Stahlbedarfs in Deutschland reklamiert die Bau- und Automobilindustrie für sich, der Maschinenbau folgt mit 11%. [16)]

Allein Thyssen-Krupp produziert jährlich 10 Mio. t. Stahl und emittiert gleichzeitig fast 20 Mio. t. Kohlendioxyd, das sind 2,5% aller CO^2-Emissionen in Deutschland. Thyssenkrupp will bis 2050 in der Stahlproduktion CO^2-neutral arbeiten. Soll das mit grünem Wasserstoff gelingen, müssten dafür 700.000 t. grüner Wasserstoff pro Jahr verfügbar sein, dafür müssten 3.000 neue Windräder den Strom liefern.

Ginge das nicht alles schneller mit Atomstrom? Und preiswerter? Das waren meine Gedanken, als ich mir klarmachte, dass Thyssenkrupp ja nicht die einzigen Stahlhersteller sind und auch die chemische Industrie, Raffinerien und Zementfabriken gigantische Mengen an grünem Wasserstoff benötigen, da kommen leicht 10.000 neue Windräder ins Spiel. Wo sollen die alle stehen?

Irgendwann muss irgendjemand die bittere Wahrheit ans Licht bringen, die mit den Worten beginnt: „als Zwischenlösung" bietet sich an... und dann werden die einzig praktikablen Alternativen vorgestellt, nämlich „blauer" Wasserstoff oder Atomstrom. Sollte der Bau eigener, moderner Atommeiler aus politischen Gründen ausscheiden, so bleibt nur der Import aus Frankreich. Erdgas mit Vorbehalt aus Russland und Atomstrom aus Frankreich für ein Land, das auf Kohle sitzt, wer hätte das je gedacht? Und da das sogenannte „Beharrungsvermögen" in allen Bereichen menschlichen Zusammenseins eine nicht zu unterschätzende Kraft ist, wird im Laufe der Zeit aus der Zwischenlösung eine Dauerlösung und unsere Handelsbilanz weist keine Überschüsse mehr auf, weil wir statt Export-Weltmeister nunmehr Import-Weltmeister bei der Einfuhr von Energie geworden sind.

Verkehr, Landwirtschaft und Wohnungsbau sind die Schwachbereiche bei einer zügigen Umsetzung der CO_2-Reduzierung. Warum ist das so? Hier haben wir es nicht mit einer überschaubaren Zahl von CO_2-Emittenten zu tun, die alle am gleichen Strang ziehen und ebenso investitionswillig wie -fähig sind, um den Green-Deal zu verwirklichen, wonach Europa als erster Kontinent seine Treibhausgas-Emissionen bis spätestens 2050 auf null reduzieren will. Der Ehrgeiz, als erster durchs Ziel zu gehen, ist per se wenig wert, könnte sich aber im Laufe der nächsten Jahre durch das gewonnene Know-how als Lotteriegewinn erweisen.

Bei Verkehr, Landwirtschaft und Gebäuden haben wir es mit einer Vielzahl von „Nutzern" zu tun, die eher abwarten, bevor sie CO_2-mindernde Investitionen tätigen, von denen sie (noch) nicht überzeugt sind, dass sie davon dereinst profitieren. Ein jeder denkt, mein individueller CO_2-Fußabdruck ist so unbedeutend, dass die europäische CO_2-Bilanz davon überhaupt nicht berührt wird. Das stimmt wohl aus der Sicht jedes Einzelnen; erst die Masse der Millionen Einzelnen muss davon überzeugt werden, dass jede Tonne CO_2 zählt und eine signifikante CO_2-Reduktion erst dann erzielt werden kann, wenn 300 Millionen Europäer dem Beispiel der Industrie folgen und CO_2 einsparen, wo immer es möglich ist. „Aber ohne, dass wir allein die Kosten tragen müssen und gezwungen sind, unseren Lebensstandard einzuschränken", tönt es von der Straße. John F. Kennedy würde vielleicht sinngemäß geantwortet haben: „Frag nicht, was Deine Regierung für Dich tun kann, frag lieber, was Du zur Rettung Deines Planeten beitragen kannst."

Mir ist klar, um die Betroffenen aus den Bereichen Landwirtschaft, Gebäude und Verkehr ins CO_2-freie Boot zu holen, bedarf es neben Geduld (die keiner hat) und Überzeugung (die viel Geduld erfordert) wie immer, einer kräftigen finanziellen Spritze. Bleibt diese aus, aus welchem Grund auch immer, wird es zu sozialen Spannungen kommen; es wird Privilegierte und Nichtprivilegierte geben, Bürger, die sich CO_2-Eskapaden leisten und solche, die darauf verzichten müssen oder wollen. Nicht nur „Reichtum" spaltet die Nation sondern auch der Umgang mit klimaschädlichen Gasen. Die Inschrift im Lübecker Holstentor „Eintracht nach innen" ist außer Kraft gesetzt und die Auseinandersetzungen finden nicht nur in Zeitungsartikeln statt, sondern auch auf der Straße.

Die anstehende Energie-Revolution ist unsere Antwort auf die Kriegserklärung der Natur. Der Kampf wird viel länger dauern und kostspieliger werden, als wir heute glauben. Es wird Rückschläge und Verzögerungen durch Pandemien geben, die auch finanziert werden wollen und die Erdtemperatur steigt weiter an mit all seinen negativen Begleiterscheinungen. Ein Mitwirken in eine CO_2-freie Zukunft werden die meisten Bürger verweigern oder hinauszögern, solange sie nicht Erfolge sehen können, die beweisen, dass die Anstrengungen nicht umsonst waren, und außer teurem Ökostrom und allgemeiner Preissteigerungen, nichts gebracht haben, vor allem nicht die versprochene „Klimaneutralität". Da braut sich was zusammen, denn gleichzeitig spalten uns Migrationsprobleme und politische Richtungskämpfe, von internationalen Auseinandersetzungen und Bedrohungen ganz zu schweigen.

Die finanziellen Belastungen von geschätzten 530 Mrd. Euro nach der Hochwasserkatastrophe im Ahrtal im Sommer 2021 geben einen ersten Vorgeschmack dafür, mit welchen Kosten in den nächsten Jahrzehnten zu rechnen ist, wenn die Erdtemperatur weiter ansteigt - und sie wird ansteigen - und die Naturkatastrophen an Zahl und Intensität zunehmen. Eine zusätzliche neue Pandemie würde uns völlig aus dem finanziellen Gleichgewicht hebeln und Folgen haben, die ich mir heute lieber nicht ausmalen möchte.

Aber zurück zu den drei Problemsektoren VERKEHR, LANDWIRTSCHAFT und GEBÄUDE.

Beim Sektor VERKEHR wird jedes Jahr der Autofahrer durch einen fixen CO_2-Zuschlag auf jedem getankten Liter Treibstoff belastet. 2021 waren es „nur" 6 Cents pro Liter Treibstoff, aber der Betrag steigt jedes Jahr um einen festen Betrag, und wer viel oder einen Spritschlucker fährt, merkt das spürbar in seinem Portemonnaie. Das ist politisch gewollt und gehört zu den Anreizen, um auf E-Autos umzusteigen, denn irgendwie muss es gelingen, bis 2045 CO_2-frei auf deutschen Straßen Auto zu fahren. Die PKW-Hersteller haben den Schuss gehört und inzwischen werden E-Autos in ausreichenden Mengen produziert und angeboten. Aber trotz staatlicher Kaufprämien wird das Angebot immer noch nur zögerlich angenommen: 2018 wurden in Deutschland nur knapp 54.000 rein elektrische Autos zugelassen, 2019 waren es 83.000 und 2020 137.000. Erst 2021 wurde ein deutlicher Ruck in der E-Akzeptanz spürbar, weil das Angebot vielfältiger wurde und die Batterieleistung zulegte, sodass bis Mitte 2021 die Zulassungen für E-Autos auf fast 440.000 Exemplare hochschnellten, trotz zögerlichen Ausbaus der Ladestationen für E-Fahrzeuge. Ein möglichst dichtes Netz an Ladepunkten ist aber die Voraussetzung für einen endgültigen Durchbruch der E-Mobilität, und um das zu unterstützen will die Ampelkoalition bis 2030 1 Million öffentliche Ladestationen für E-Fahrzeuge bereitstellen (z.Zt. verfügen wir nur über 15.000 öffentliche Stationen). Schließlich erwarten wir allein in Deutschland bis 2030 15 Millionen vollelektrische PKWs in Deutschland. Das ist eine ganz schöne Herausforderung, verbunden mit gewaltigen Investitionskosten, die sich nur rechnen, wenn das Stromtanken nicht teurer als das Sprit-Tanken wird. Gutachter gehen ja davon aus, dass die Verkehrswende in Deutschland bis zu 50 Mrd. Euro kosten könnte. Der Bundesrechnungshof steigt uns aufs Dach, wenn sich die Investitionen auf Dauer nicht auszahlen und wir können nicht immer wieder mit dem Argument kommen, dass uns die Folgen des Klimawandels deutlich mehr belasten, wenn wir nicht in ausreichendem Maße in CO_2-reduzierende Techniken investieren würden.

Nur über E-Autos kommen wir runter von einem jährlichen CO_2-Ausstoß von zurzeit 146 Mio. Tonnen, allein im Straßenverkehr.

Mir graut vor 2030, da darf der CO_2-Ausstoß nur noch maximal 85 Mio. t. betragen, ein Minus von 61 Mio. t., sonst setzt es Strafen aus Brüssel. Und 2045 werden nur noch 1 Million Verbrenner als Oldtimer auf Deutschlands Straßen unterwegs sein und der Sprit kostet 3,- Euro pro Liter.

LKWs, Busse und Schifffahrt kommen natürlich auch nicht ungeschoren davon; sie müssen sich vor allem vom subventionierten Diesel verabschieden. Aber noch ist nicht endgültig entschieden, wie das Rennen um den geeigneten Brennstoff ausgeht: Biokraftstoffe, Wasserstoff und Batterie stehen im Wettbewerb und rangeln um günstige Ausgangspositionen.

Immerhin sind Schiffe, lt. Europäischer Umweltagentur (WEEA) für über 13% aller Treibhausgasemissionen, die der Verkehr in der EU verursacht, verantwortlich (Luftverkehr 14,4%). Hier ist noch genügend Luft, um die Umweltbilanz zu verbessern. Die Frage ist wiederum nur: Wie lange wird es dauern und wieviel wird es kosten?

Die Schifffahrtunternehmen präferieren bei der Umrüstung auf CO_2-reduzierende Aggregate das LNG, das zwar ebenfalls fossil ist, aber immerhin einen 15 bis

25% geringeren CO²-Ausstoß hat als Schiffsdiesel. Das reicht aber nicht aus, um die Kohlendioxyd-Emissionen bis 2030 - im Vergleich zu 1990 - um 55% zu reduzieren. Es braucht mehr Zeit für eine akzeptable Lösung, denn alle bisher diskutierten Lösungen für alternative Antriebskonzepte haben den gleichen Fehler: Sie sind noch nicht marktreif und damit nicht für den breiten Praxiseinsatz verfügbar.

LANDWIRTSCHAFT/ FORSTWIRTSCHAFT

Wenn man die Landwirtschaft in den Kreis der Klimasünder miteinbezieht, dann denkt man weniger an Ackerbau oder Obstplantagen, sondern an die Rinderzucht. Und hier ist nicht das Kohlendioxyd das Problem, sondern die Treibhausgase Methan und Lachgas, das die Wiederkäuer permanent produzieren. Angeblich soll Methan 28-mal so klimaschädlich sein wie CO². Was immer das auch heißen mag und Lachgas sogar 300-mal so schädlich. Das muss mir noch jemand erklären, wie man misst, dass eine Tonne Lachgas für unseren Planeten 300-mal schädlicher sein soll als Kohlendioxyd, aber ich lass das mal so stehen.

Wie kann man in der Landwirtschaft klimaschädliche Gase reduzieren? Ganz klar: den Rinderbestand sukzessive reduzieren. 3 Millionen Rinder rülpsen und furzen 25% weniger Methan aus als 4 Millionen Rinder. Rindfleisch wird bei verringertem Angebot natürlich teurer. Auch kann man den Methan-Ausstoß pro Rind bepreisen und der Kunde zahlt - wie beim Sprittanken - den Methan-Obolus beim Einkauf seines Rindfleisches an der

Supermarkt-Kasse. Schließlich müssen die EU-Subventionen für die Landwirtschaft überdacht werden, profitieren doch bisher die flächenmäßig großen Landwirtschaftsbetriebe mehr als kleinere Familienbetriebe mit geringer Weidefläche und kleinerem Viehbestand. Auch ökologisch bewirtschaftete Flächen und die Art der Viehhaltung (auf Weideland oder im Stall) müssen Kriterien für eine gerechtere Subvention sein. Die CO^2-Probleme in der Landwirtschaft halte ich persönlich für lösbar und wir haben zwischenzeitlich ansehnliche Erfolge erzielt: Der Energiebedarf pro Tonne angelieferter Milch ist heute 15 bis 20% geringer als 1990 und auch die landwirtschaftlichen Treibhausgase sind in den vergangenen 30 Jahren um über 20% gesunken. Bis 2050 will man CO^2-neutral werden, wie im Einzelnen, weiß ich nicht, das soll mir die Landwirtschaft erklären.

Viel wichtiger ist mir der Umgang mit einem weiteren Produzenten von Methan und Lachgas: Die Kamine und Öfen, die Holz verfeuern.

Ob Holz-Pellets in Wohnblöcken, Kamine in Landhäusern oder Verbrennungsanlagen der Stadtwerke, sie alle verbrennen Holz, das in geballter Konzentration nicht nur über Jahrzehnte gespeichertes CO^2 sondern auch das gefürchtete Methan und Lachgas freisetzt.

Daneben fällt weitaus mehr Ruß an, als Öl- und Gasheizung zusammen auf die Waage bringen. Auch wenn die Rußpartikel nicht unbedingt klimaschädlich sind, so doch gesundheitsschädlich. Wissenschaftler haben auch in der Fachpresse darauf hingewiesen, dass Holzverfeuerung „polyzyklische aromatische Kohlenwasserstoffe" freisetzt, die als krebserregend eingestuft werden. Daneben seien Phenole, Dioxine, Formaldehyd, Schwefeldioxyd und Ultrafeinstaub umweltschädlich und belastend. Aber solche Fachartikel finden ja nie den Weg in die BILD-Zeitung, ebenso wenig wie der Bericht der EU-Kommission vom 8. Januar 2021 an das Parlament, in dem lediglich „nicht brennbare" erneuerbare Energieträger befürwortet werden, wie Windparks oder Solaranlagen, nicht aber pauschal erneuerbare Energien, wozu auch Holz gehört.

Da aber so viele der „Bessergestellten" über einen Kamin oder Kaminofen in ihren Häusern verfügen, ist die Chance gleich Null, trotz medizinischer Warnungen, eine Änderung der gegenwärtigen Situation politisch durchzusetzen.

Es siegt eben nicht immer die demokratische Mehrheit oder die einsame Vernunft: Bei unseren Koalitionsverhandlungen mit FDP und SPD hat es immerhin ein Einzelner geschafft, das Tempolimit auf deutschen Autobahnen aus der Agenda herauszunehmen, nur weil er mit seinem Porsche gerne mal Entspannung bei Tempo 200 km/h sucht, und das im Wissen, dass die Mehrheit der Führerscheinbesitzer einem Tempolimit inzwischen nicht mehr abgeneigt ist, dass der ADAC sich ebenfalls dieser Meinung anschließt und die Wissenschaft mehr Nachteile als Vorteile in dem unlimitiertem und behördlich geduldetem Geschwindigkeitsrausch auf deutschen Autobahnen sieht.

Hier siegt nicht die Vernunft, sondern die hohe politische Kunst des Gebens und Nehmens.

Teil der Landwirtschaft ist die FORSTWIRTSCHAFT, unser zu Recht so geliebte und oft besungene Wald. Er bindet gewaltige Mengen CO_2 und verbessert die Luft spürbar durch die Abgabe von Sauerstoff. Daneben spendet er Kühle, Schatten und Feuchtigkeit und bietet dem Städter die gesuchte Erholung. Er ist Heimat vieler Tiere, am Wochenende auch Auslaufgebiet für Rassehund und Straßenköter, und er bringt bei richtiger Pflege auch mehr als Arbeit ein.

Ich liebe unseren Wald; wie oft bin ich durch den Grunewald gejoggt oder um den Schlachtensee gewandert und habe das „Kiefernglühen" in der Abendsonne bewundert, das Walter Leistikow [17)] so unnachahmlich in seinen Bildern festgehalten hat.

Aber bei aller Romantik - unser Wald ist in den letzten Jahrzehnten ganz schön gebeutelt worden. Zuerst war es das sogenannte „Waldsterben", das neben „Kindergarten" Eingang in den französischen Sprachschatz gefunden hat. Heute ist es der Borkenkäfer, der dem Wald zusetzt und im Jahr 2020 für 72% des gesamten Schadholzes verantwortlich ist. Aber wir machen es uns zu einfach, nur den Klimawandel für diese Plage verantwortlich zu machen, es liegt auch zum großen Teil an der menschengemachten Zusammensetzung der Wälder. Über 80% der deutschen Wälder sind schnellwachsende, Ertrag bringende Fichtenwälder. Sie besitzen nur wenig Elastizität gegenüber Umweltveränderungen; sie sind nicht hitzeresistent und als Flachwurzler sind sie besonders anfällig für Windwurf.

Darüber hinaus ist die homogene Struktur dieser Fichtenwälder ein unendliches „Arbeitsfeld" für den Borkenkäfer. Hätte, hätte, Fahrradkette - hätte die Forstwirtschaft bereits vor einer Generation geahnt, was für Schäden auf ihre Fichtenplantagen zukommen, und in naher Zukunft durch häufigere Stürme und Hitzeperioden noch zukommen werden, sie hätte wohl gerne auf das schnelle Geld verzichtet und mehr auf die langsamer wachsende aber resistente Tanne gesetzt. Sie verträgt Hitze und Trockenheit viel besser als die Fichte und ist daher mit Blick auf den Klimawandel die erste Wahl beim Nachpflanzen der kahlen Waldflächen, wenn es der Boden zulässt. 285.000 ha Waldfläche haben wir im Laufe der letzten Jahre durch Trockenheit, Brände und Borkenkäfer verloren und die müssen wieder aufgeforstet werden und das ist auch deshalb wichtig, weil jeder Wald eine natürliche CO_2-Senke ist und uns in Deutschland eine jährliche Entlastung von ca. 62 Mio. t. CO_2 schenkt; damit kompensieren wir etwa 7% der deutschen Treibhausgasemissionen. Andere Zahlen belegen ebenfalls die Nützlichkeit und Bedeutung unserer Wälder für Umwelt und Klima: Lebende Bäume und Totholz speichern in unseren Wäldern ca. 1,2 Mrd. t. CO_2. Und wenn wir bei den allfälligen Neuanpflanzungen weg von Fichten- und Kiefernforsten und hin zu Laubmischwäldern gehen, dann sieht die Bilanz noch besser aus: 1 ha Mischwald filtert bis zu 50 t. Ruß und Staub jährlich aus der Luft und ein einziger Laubbaum (der auch am Straßenrand stehen kann) verdunstet an einem einzigen heißen Tag bis zu 400 Liter Wasser und kühlt damit die Luft so angenehm ab.

Während unseren Wäldern die Dezimierung durch Borkenkäfer droht, sind es in Südeuropa, in Russland, Brasilien oder Kanada die verheerenden Waldbrände, die zigtausend km² Waldbestand vernichten.

Eine Fläche von 17 Millionen Hektar Wald ist allein in

Russland 2021 den Flammen zum Opfer gefallen, besonders in Sibirien. In nur drei Monaten - Juni bis August 2020 - wurden in der sibirischen Teilrepublik Jakutien 800 Mio. t. CO_2-Emissionen gemessen, soviel wie Deutschland im Jahre 2019 durch Energie-Erzeuger, Industrie, Verkehr und Landwirtschaft zusammen ausgestoßen hat. In der waldreichen sibirischen Region sind Waldfeuerwehren und entsprechend ausgebildetes Personal Mangelware. Daher erlaubt das Gesetz, Brände nicht zu löschen, wenn die Löschkosten den möglichen Schaden durch das Feuer übersteigen, was natürlich immer der Fall ist.

Dieses Beispiel zeigt, wie pervers es ist, wenn die Waldbrände eines großen Landes ausreichen, die Bemühungen eines anderen Landes, seine CO_2-Emissionen zurückzufahren, in wenigen Monaten zunichtemachen kann. Die Bewohner des betroffenen Landes sehen ihre Steuermilliarden in Rauch aufgehen, ohne dass sich die Weltklimabilanz auch nur um einen Deut geändert hat. Hinzu kommt, dass auch keine Besserung in Sicht ist: Die Brände wiederholen sich jährlich, wenn auch in unterschiedlichem Ausmaß, und ich kann gut verstehen, wenn der umweltfreundliche Bürger langsam die Schnauze voll hat und nicht mehr „mitspielt".

Wozu noch Geld und Energie opfern, wenn sich im Welt-Ergebnis doch nichts ändert und die Erdtemperatur weiter ansteigt? Sollte sich diese Einstellung durchsetzen, dann ist in der Tat alles verloren, weil niemand so blöd sein wird, sich grundlos über Jahrzehnte eine Sisyphusarbeit aufzwingen zu lassen, die zu keinem spürbaren Erfolg führen kann.

Eine weitere, viel schlimmere Katastrophe, die sich in

Russland anbahnt, ist das Auftauen des Permafrostbodens. Da die Temperaturen in Russland zweieinhalbmal schneller steigen als im Welt-Durchschnitt, schmilzt nicht nur die oberste Bodenschicht, sondern 40.000 Jahre ganzjähriger Permafrost erwacht seit kurzem aus dem Winterschlaf und setzt eine CO_2-Bombe frei, die niemand aufhalten kann und alle weltweiten Bemühungen, CO_2-Emissionen einzusparen, zunichtemacht. Wir sehen ohnmächtig zu, wie die ganze Infrastruktur, wie Schienen, Brücken, Häuser und Straßen absacken und im Morast versinken. Es wird sich Verzweiflung breit machen, nicht nur wegen der materiellen Schäden, die heute noch gar nicht zu beziffern sind, sondern vor allem, weil neben der CO_2-Menge auch noch das weitaus gefährlichere Methan und Lachgas aus dem Boden entweichen. Es setzt sich ein Teufelskreis in Gang: Steigende Temperaturen führen zum Auftauen tieferer Permafrostböden, die wiederum noch mehr Treibhausgase freisetzen, was wiederum die Temperaturen weiter ansteigen lässt. Ein „perpetuum- mobile" der Natur, das unser Klimaziel 2030 ignoriert und uns zwingt, Abschied von dem übermütigem Gedanken zu nehmen, dass die Menschen am längeren Hebel sitzen könnten. Dieser Gedanke der Ohnmacht ist bedrückend und belastet mich als Politikerin, als Mensch und als Mutter. Ehrlicherweise müsste man der FFF-Bewegung und allen Klimademonstranten Dantes Höllensatz „Lasst alle Hoffnung fahren dahin" entgegenhalten, aber das wagt kein Politiker mit Verantwortung und Verstand, weil alle auf Zeit spielen und niemand eine Lawine lostreten möchte, die ein weltweites Chaos auslösen könnte.

Aber kommen wir noch einmal auf den Wald, als natürliche CO_2-Senke zurück. Weltweit bedeckt er eine Fläche von 4 Milliarden Hektar. Daraus sind seit 1990 bis heute, also binnen 30 Jahren, nach Angaben der Landwirtschaftsorganisation der Vereinten Nationen (FAO) mehr als 10%, nämlich 420 Mio. Hektar abgeholzt oder abgebrannt worden, eine Fläche 12 mal so groß wie Deutschland. Das Verbrennen von nur einem km² Wald kann bis zu 20.000 t. CO_2 freisetzen. Natürlich wird auch hier und da nachgepflanzt, aber es dauert, ehe die ursprüngliche CO_2-Speicherkapazität wieder hergestellt ist. Mehrheitlich wird allerdings die „freigebrannte" Fläche bebaut oder in Ackerland umgewidmet. Wir Europäer und auch die Amerikaner beklagen den Zustand zwar lautstark, sind aber mitschuldig am Raubbau der exotischen Hölzer, denn ein großer Teil der gefällten Tropenhölzer aus Brasilien, Indonesien oder dem Kongobecken geht nachweislich Richtung Europa und Amerika, bei hohen Verdienstspannen für beide Seiten.

Erfreulich ist jedoch, dass die Wiederaufforstung von Wäldern von immer mehr Ländern als alternativlos angesehen wird, soll die Welt nicht noch heißer und trockner werden.

Erstaunlicherweise und kaum von der westlichen Welt wahrgenommen, ist es ausgerechnet China, das dazu erheblich beiträgt, dass in Asien die Waldfläche seit 1990 konstant wächst. In den letzten 30 bis 40 Jahren begleitet China das umfangreichste Aufforstungsprogramm, das die Welt erlebt hat. Um die Ausbreitung der Wüste aufzuhalten, sieht ein Gesetz aus den 80er Jahren vor, dass jeder mündige Bürger pro Jahr 3 Bäume zu pflanzen hat. Die neu angepflanzten Bäume bilden einen Grüngürtel von Ost nach West und wird von den Chinesen „große grüne Mauer" genannt. Bis heute wurden durch dieses Projekt 330.000 km² mit jungen Bäumen bepflanzt - eine Fläche, so groß wie die Bundesrepublik. Ergebnis: Waren vor 40 Jahren lediglich 12 % des chinesischen Festlandes mit Wald bedeckt, so sind es heute mehr als doppelt so viel. Niemand hätte China diese Konsequenz und Schnelligkeit im Aufforsten zugetraut - ich auch nicht!

Ein weiteres Augenmerk sollte auf die **Moore** Nordeuropas geworfen werden, die in ihrer Nützlichkeit und Klimafunktion seit langem unterschätzt werden. Moore sind nichts anderes, als verwässerter, jahrtausendalter Torf, und sie binden ähnlich hohe Kohlendioxydmengen wie Wälder. Daher sind intakte Moore unerlässlich für den Klimaschutz. Bis heute wusste ich auch noch nicht, dass Nordeuropas Moore genau so viel CO_2 binden, wie alle Wälder der Welt zusammen. Aber wie in den Wäldern Aragoniens werden auch gewaltige Moorflächen durch unregulierten Torfabbau - vor allem in den baltischen Ländern - reduziert. Der Torf wird örtlich zum Heizen benutzt oder als Blumenerde nach ganz Europa exportiert. Auch hier geht Gewinnstreben vor Klimaschutz.

Wir sollten in unserer Moorschutz-Strategie ähnlich vorausschauend vorgehen, wie bei unseren Aufforstungsanstrengungen. 7% aller deutschen Treibhausgasemissionen entweichen aus entwässerten, trockenen Moorböden, das muss und wird gestoppt werden. Wir reden von 553 Mio. t. Kohlendioxydäquivalenten,

die jährlich in die Atmosphäre entweichen und folgerichtig sieht das neue Bundesklimaschutzgesetz vor,
dass Ökosysteme wie Wälder und Moore über das Binden von Treibhausgasen zum Klimawandel beitragen
müssen. Es ist erschreckend zu hören, weil man sich
vorher überhaupt nicht mit diesem Thema beschäftigt
hat, dass 90% unserer Moorflächen als „degradiert und
entwässert!" eingestuft werden, nur 10% gelten noch
als „natürlich und intakt".

Die moorhaltigen Bundesländer versprechen „schon
bald" eine Zielvereinbarung zum Moorbodenschutz zu
verabschieden, wonach bis 2030 die Emissionen aus
Moorböden um jährlich 5 Mio. t. Kohlendioxyd verringert werden sollen. Solche Vereinbarungen auf die
lange Bank zu schieben ist unverantwortlich und hätte
schon längst auf den Weg gebracht und umgesetzt werden müssen. Warum wartet man bloß so lange? Für
mich ist klar: Auch der Handel mit Torf muss der Bepreisung unterliegen, um die Nachfrage drastisch zu-
rückzuführen und mit dem Erlös einen Beitrag zur Wie-
derbefeuchtung der Moore zu gewinnen.

Gebäude und CO_2

Gebäude - egal, ob Alt- oder Neubau - rülpsen und
furzen nicht und doch sind sie in hohem Maße an den
CO_2-Belastungen der Atmosphäre beteiligt, nämlich mit
30% der Gesamtemissionen in Deutschland. In absoluten Zahlen sind das 120 Millionen Tonnen im Jahr und
die sollen entsprechend dem Klimaschutzgesetz bis
2030 auf 67 Millionen Tonnen nahezu halbiert werden.
Bei den geplanten 400.000 Wohnungsneubauten

könnte das klappen, indem man einen höheren Mindesteffizienzstandard vorschreibt und damit gleichzeitig den Neubau verteuert. So ist geplant, ab dem 1. Januar 2023 KfW 55 im Neubau gesetzlich vorzuschreiben. Die Ziffer 55 bedeutet, dass ein Haus nur 55% der Energie eines gesetzlich definierten Referenzgebäudes benötigt; z.Zt. sind Neubauten noch mit KfW 75-Standard erlaubt.

Der gefährliche Knackpunkt in den Sanierungsbemühungen sind jedoch nicht die Neubauten, sondern die Bestandsbauten. 60% unserer Wohngebäude sind vor 1980 entstanden. Diese Altbaubestände peu à peu CO_2-neutral umzurüsten, kostet laut einer aktuellen Studie der „Arbeitsgemeinschaft für zeitgemäßes Bauen" (Arge) bis zu 150 Milliarden Euro, jährlich! Bis zum Jahre 2045, in welchem Deutschland „klimaneutral" sein will, summiert sich dieser „Spaß" auf einen Betrag von 3,6 Billionen Euro!!

Will man bis 2045 den privaten, sanierungsbedürftigen Altwohnungsbestand auf KfW 55 trimmen, müssten täglich 3.000 Eigenheime oder Eigentumswohnungen energetisch bearbeitet werden, das ist schlichtweg utopisch und zwar aus 3 Gründen:

1.) fehlt das Geld dazu, trotz staatlicher Zuschüsse und Förderungen,
2.) fehlt eine hohe, sechsstellige Zahl an Handwerkern für dieses Vorhaben,
3.) die anstehenden Sanierungen überfordern viele private Eigentümer, nicht nur finanziell.

Die ganzen Sanierungsanstrengungen im privaten Gebäudesektor werden sich als eine Luft-Nummer ohne

Netz herausstellen und in einigen Jahren wie ein Kartenhaus in sich zusammenfallen. Selbst wenn es den Althausbesitzern gelingen sollte, das nötige Geld und die nötigen Handwerker aufzutreiben, um zu dämmen und isolieren, was das Zeug hält und darüber hinaus Photovoltaik-Anlagen aufs Dach aufzustellen und Wärmepumpen zu installieren - die erwünschte CO_2-Neutralität lässt sich nur mit Grünstrom erreichen, der in absehbarer Zeit nicht zur Verfügung steht, Grünstrom zum Kochen, zum Heizen und zum Baden.

Die Folge wird sein, dass Millionen von Althaus-Besitzern auf die klimagerechte Sanierung ihrer Behausung pfeifen und lieber eine Bepreisung ihres CO_2-Ausstoßes in Kauf nehmen. Das kostet pro Tonne CO_2 in diesem Jahr 25,- Euro und wird sich bis 2025 mehr als verdoppeln, auf 55,- Euro pro Jahr. Ein Vier-Personen-Haushalt wird dann allein für Heizkosten ca. 400,- Euro zusätzlich pro Jahr einplanen müssen. Da müsste man doch mit dem Klammerbeutel gepudert sein, 40.000,- Euro für eine energetische Sanierung auf den Tisch zu blättern, wenn es auch anders geht: nämlich gar nichts zu unternehmen. Sollen doch die Erben, denen das Haus irgendwann kostenlos zufällt, für eine klimagerechte Umrüstung aufkommen, das macht doch mehr Sinn als alte Leute im alten Haus zu zwingen, bis 2045 ihre Hütte CO_2-neutral zu betreiben, für viel Geld, das sie nicht haben und für ein erhofftes Klima-Erlebnis, was sie nicht erleben werden. Ich fürchte, da werden wir in naher Zukunft noch heftige Proteste erleben, wie bei den Corona-Impfgegnern. Sich nicht gegen staatliche Vorschriften und Maßnahmen wehren zu können, die sie sich nicht ausgedacht und nicht gewünscht haben und die sie sich mehrheitlich auch nicht leisten können, bringt das Blut zum Sieden.

Wenn es dem Einzelnen außer hohen Kosten keinen erkennbaren Nutzen einbringt, dann staut sich Wut auf, die explosive Kräfte freisetzt, die auch einer Demokratie gefährlich werden können.

Zu den wütenden Althausbesitzern gesellen sich die Mieter der Neubauten. Selbst wenn die von der Arge berechneten Baukosten von 3.400,- Euro pro m² für einige Zeit zu halten wären, was Inflation, Arbeitskräftemangel und anhaltende Wohnungsknappheit verhindern werden, dann dürfte die Kaltmiete pro Quadratmeter bei 13,- Euro liegen. Das kann sich eine große Mehrheit von Mietern überhaupt nicht leisten und aus den lautstark geforderten „bezahlbaren Mieten" erwächst ein wütender Aufstand, der betroffenen Bürger.

Herrliche Aussichten für jede Regierung, und das alles nur, um Weltmeister im energetischen Wohnen mit „grünem" Strom bis 2045 zu werden. Leider sind die Betroffenen nicht so geduldig, wie das Papier, auf dem der Klimaschutzplan geschrieben steht.

Ich rieche schon den aufziehenden Sturm der Mieter und Vermieter und werde mich wohl um eine schusssichere Weste kümmern müssen...!

CO_2-freie Altbauten werden uns noch teuer zu stehen kommen, Kollateralschäden nicht inbegriffen, wenn sie überhaupt bis 2045 durchsetzbar sind.

Samstag, 20. November 2021

Habe mit Daniel darüber diskutiert, welche CO^2-Maßnahmen er als unvoreingenommener Bürger mittragen würde, auch wenn es persönliche Einschränkungen nach sich zieht, und welche eher nicht. Wissenschaftliche Aspekte soll er unberücksichtigt lassen, auch Vernunft beiseiteschieben und nur das Bauchgefühl entscheiden lassen.

„Jaaa", fing Daniel gedehnt an und da wusste ich schon, dass er zu einer längeren Einleitung seiner Gedanken ansetzen wird, die ich hier nur in gebotener Kürze niederschreibe: Um die gewünschte und versprochene CO^2-Neutralität zu erreichen, bedarf es übermäßiger Anstrengungen und hoher finanzieller Opfer, die mittelfristig die Ampelkoalition belasten und sogar sprengen kann. Langfristig werden die Opfer aber den nächsten Generationen zugutekommen und deswegen sollten alle Möglichkeiten und Chancen beherzt ergriffen werden, den CO^2-Ausstoß Jahr um Jahr zu senken. Mit dem Wort „Klimaneutralität", das die Politiker, Entscheidungsträger und Journalisten daher plappern, wird man letztendlich beim Bürger nur Enttäuschung, Ärger und Abkehr von Eigeninitiativen ernten, wenn er jedes Jahr von Neuem erfahren muss, dass trotz seiner CO^2-Sparmaßnahmen, trotz seiner Bereitschaft, die „grüne" Transformation mitzutragen, die Erdtemperatur weiter ansteigt und Hitzewellen, Dürren und Hochwasser eher mehr als weniger werden. Die Spuren der Klimakatastrophe werden Jahr für Jahr tiefer, ebenso die Löcher in unserer Haushaltskasse. Und der Westwind pustet unsere CO_2-Erfolge über alle Grenzen - von einer Klimaverbesserung nicht der Ansatz einer Spur. Und nur, um im europäischen Wettlauf als erster das Ziel der CO_2-Neutralität zu erreichen, ohne glaubhafte Perspektive, wann all die anderen 199 Länder endlich nachziehen und sich unserem Niveau angleichen, wird sich auf Dauer kein Bürger darauf einlassen, nur noch für die Verbesserung des Welt-Klimas zu leben.

Wenn's schief geht, wird der Wähler die Regierung dafür verantwortlich machen, unter tatkräftiger Mithilfe von radikalen Klima-Querdenkern, dass sie „Klimaneutralität" versprochen, aber nicht geliefert haben. Man wird eine Widerstandskultur internationalen Ausmaßes entwickeln, dagegen sind die jüngsten Covid-Lockdown-Proteste in Wien, Rotterdam und Amsterdam ein laues Lüftchen.

Von den einzelnen diskutierten CO_2-Bremsen nannte Daniel spontan den **Wald** als natürliche CO_2-Senke. Das Aufforsten verödeter Waldflächen ist ein für jeden sichtbares und wirksames Zeichen, aktiv dem Klimawandel zu begegnen, und die Bevölkerung sogar mit einzubinden. Die Technik des natürlichen Austausches Sauerstoff gegen Kohlendioxyd wird von allen Bürgern verstanden und unterstützt, und man kann jederzeit mit Baumanpflanzungen beginnen, in kleiner Stückzahl oder im großen Stil. Eine große, deutsche Privatbrauerei wirbt bereits seit vielen Jahren erfolgreich mit der Idee „Wir pflanzen einen Baum" und hat damit Anerkennung bei Kunden, in der Presse und bei Klimaaktivisten gefunden, auch bei denen, die nicht zu den Bierschluckern gehören.

Bei den Davoser Gesprächen Anfang dieses Jahres

haben u.a. die Herren Schwab und Trump versprochen, Millionen Bäume zu pflanzen, aber nie wieder hörte oder las man, ob sie ihr Versprechen auch umgesetzt haben. Jüngst hat sich die F.A.Z. an einem Wiederaufforstungsprojekt im Taunus beteiligt und lässt 6.000 Bäume jährlich neu anpflanzen. Vernünftigerweise nicht Fichten, sondern hochwertige Laubbäume wie Eichen, Buchen, Linden und Hainbuchen werden als einjährige Setzlinge gepflanzt und gepflegt. All diese Waldprojekte regen zur Nachahmung an. Viele Bürger, die nicht aktiv im Wald mitbuddeln können, werden großzügig spenden, weil sie um die Sinnhaftigkeit ihrer Spende wissen und der Natur auch etwas zurückgeben möchten.

Photovoltaik und Windkraft als ökologische Stromquelle hat Daniel auf Platz 2 gesetzt. Weg von fossilen Energieträgern und Hinwendung zur grünen Energie ist zwar ein langwieriger Prozess, könnte aber an Fahrt gewinnen, wenn nicht die vielen Genehmigungsverfahren und Einspruchsmöglichkeiten als Bremse wirken würden. Hier ist die neue Ampelregierung gefordert, aufzuräumen.

Wichtig war ihm auch der **Küsten- und Deichschutz**. Da man die physikalische Logik „zunehmende Erderwärmung - zunehmender Abschmelzprozess der Gletscher und Eismassen an den Polen - zunehmender Anstieg des Meeresspiegels" durch menschliches Eingreifen nicht außer Kraft setzen kann, muss zur Verteidigung gegriffen werden, also Schutz der Bevölkerung in Küstennähe. Nur 10% Verlust des Polarkappeneises führt nach Modellrechnungen der Wissenschaft zu einem Ansteigen des Meeresspiegels um 5 bis 6 m. Dass sich 10% des Polareises im Laufe der nächsten 100 bis

200 Jahre in Wasser auflösen, gilt als ziemlich sicher. Das hieße, Bremen, Hamburg, Lübeck, Kiel, Flensburg, Rostock, Stralsund und Greifswald wären nur noch in Gummistiefeln zu betreten und die norddeutsche Tiefebene wird mit Salzwasser überschwemmt. Unser Festland schrumpft mit dem zunehmenden Anstieg der Erdtemperatur Kilometer um Kilometer und man sollte sich bereits heute Gedanken machen, was lässt sich retten, wie ist zu retten und welche technischen Hilfsmittel sind dafür erforderlich. Beim Versuch, die kommenden Wasserfluten aufzuhalten kann es zunächst nur um Zeitgewinn gehen, denn dass unsere Küstenlandschaft endgültig in großem Ausmaß für immer verloren geht, wird mit jedem weiteren Temperaturanstieg und mit jeder Tonne abgeschmolzenen Eises wahrscheinlicher.

Die Sachdiskussion mit Daniel hat mich nachdenklich gestimmt; da würde eine Herkulesaufgabe auf mich zukommen und ich bin mir nicht sicher, ob ich der Herausforderung gewachsen bin. Zu Beginn gewiss, aber im Laufe der Jahre wird es zermürbend, immer wieder von neuem einem Ziel hinterherzujagen, das sich unserem Wollen und unseren Bemühungen zu entziehen versteht. Trotzdem - ich werde nicht kneifen! Umwelt- und Klimapolitik ist kein Job mit der Stoppuhr in der Hand, sodass ich mich nicht unbedingt in erster Linie dem Pariser Klimaabkommen von 2015 verpflichtet fühle, sondern Deutschland und seinen Bürgern, denn die fordern regelmäßig Rechenschaft und bestimmen mein politisches Schicksal. Aus den Fehlern der Politiker während der Corona-Pandemie habe ich gelernt und ich will daraus meine Lehren ziehen:

- frühzeitige Einbindung der Klimaexperten und Wissenschaftler,
- keine widersprüchlichen Verlautbarungen,
- um Akzeptanz der ergriffenen Maßnahmen werben,
- belastbare Statistiken erstellen und veröffentlichen,
- erst realistische Klimaziele, dann erst Strategien definieren.

Dem Wort „Strategie" messe ich große Bedeutung bei. Die Natur hat uns den Krieg erklärt, da kann man nicht mit wohlfeilen Parolen antworten, sondern nur mit wohldurchdachten und finanzierbaren Maßnahmen kontern. Am Ende bestätigt Daniel, dass unser Klima-Programm höchst ambitioniert sei, aber am Ende des Tages würden wir feststellen, dass sich

a. nicht alles erreichen lässt, was wir uns vorgenommen haben und
b. dass alles viel mehr kosten wird, als wir heute glauben.

Dann setzte er ein breites Grinsen auf und sagte: „Ich wette um eine „tote Tante", dass sich die angesetzten Kosten bis 2030 auf eine Billion Euro fast verdoppeln werden und ich wette, dass ihr die gewünschte Menge an Ökostrom bis 2030 nicht hinbekommt und fleißig Atomstrom in Frankreich und Tschechien hinzukaufen müsst. Ich wette, dass ihr euer Ziel, jedes Jahr 400.000 Wohnungen zu bauen, krachend verfehlt und mit viel Glück vielleicht 300.000 Wohnungen schafft - und das alles nur „ceteris paribus", d.h., wenn sich die Umstände durch weitere Pandemien, Lieferengpässe oder Naturkatastrophen verschlechtern - sind eure Annahmen und Pläne nur noch Makulatur." Natürlich habe ich die Wette nicht angenommen, was soll ich mit 'ner „toten Tante". Aber stutzig machte mich seine siegesgewisse Sicherheit und dazu noch sein gemurmelter Hinweis, die geopolitischen Brandherde auf dieser Welt nicht zu vernachlässigen, die eher belastend als fördernd für unseren Klimakampf seien.

Inzwischen habe ich herausgefunden, woher Daniel seine skeptischen Einschätzungen gewonnen hat: Es gibt da einen 360 Seiten starken Schinken „Projektionsbericht für Deutschland 2021", herausgegeben von der Berliner Denkfabrik Agora Energiewende. Darin hat er wohl geschmökert und die pessimistischen Aussichten für die kommenden Jahre entdeckt: Die für 2030 proklamierten Ziele werden um die Hälfte verfehlt und 10 Jahre später, 2040, werden sie immer noch nicht erreicht sein. So ist das mit den „Brüsseler Beschlüssen", dass die EU bis 2050 CO_2-neutral sein soll; sie sind nur auf geduldigem Papier geschrieben und nicht in Stein gemeißelt, d.h. im Klartext, zu gegebener Zeit wird das Ziel nach hinten verschoben...

Donnerstag, 25. November 2021

Gestern haben wir der Presse unser Regierungsprogramm vorgestellt, auf das wir uns nach langem, zähen Ringen geeinigt haben - einvernehmlich! Und natürlich wurden nun auch einige Namen genannt: Olaf wird Bundeskanzler, das war ja klar und Robert Vizekanzler, darüber hinaus bekommt er auch das Ressort „Wirtschaft und Klima". Wie heißt es doch bei ABBA? The winner takes it all...

Mir traut man das Außenministerium zu, ich kann

nicht meckern, ist doch besser als das Landwirtschaftsministerium. Trotzdem schlägt mein Herz für „Umwelt und Klima", aber das Gremium war von Roberts Argumenten überzeugt, dass es effizienter sei, Wirtschaft und Klima in einer Hand zu lassen. Und wir hatten ja auch vorher beschlossen, Sachargumente gehen vor Personalentscheidungen, so sind wir Grünen.

Als ich spätabends nach Hause kam, schaute mich Daniel wortlos an, verzog keine Miene. Er war angesäuert, weil er aus dem Fernsehen erfahren musste, dass ich Außenministerin werden soll: „Da diskutieren wir tagelang über Klima und CO_2 und Du lässt mich ahnungslos, was hinter den Kulissen abläuft?"

Ich versuchte ihn zu beruhigen, indem ich ihn daran erinnerte, dass über die Inhalte unserer Koalitionsgespräche Stillschweigen gegenüber jedermann zu halten ist, auch gegenüber dem Ehepartner und genau daran hätte ich mich gehalten.

Man merkte ihm deutlich an, dass ein Klima-Amt für mich seinen Erwartungen mehr entsprochen hätte, als das Amt einer Außenministerin, wo ich doch keine Expertise hätte und vielleicht auch nicht den nötigen Biss. Er könne sich jedenfalls nicht vorstellen, wie ich einzelne Botschafter „einbestelle", um sie aus gegebenem Anlass zusammenzufalten.

Letztendlich überzeugte ich ihn mit dem Argument, dass die Koalition sich einig war, nach dem nüchternen Ladestock eine außenpolitische Charme-Offensive zu starten, und da hatte ich - ganz ohne eitel zu sein - bessere Chancen als beispielsweise Saskia Esken von der SPD. Und warum sollte ich nicht das schaffen, was in den USA die Damen Albright oder Rice [18] bravourös geschafft haben.

Nach und nach dämmerte es mir, dass Daniel eigentlich gar nichts gegen das hochangesehene und einflussreiche Amt hat, dafür umso mehr gegen meine häufige Abwesenheit von zu Hause, bedeutet das doch erhebliche Mehrarbeit für ihn. So ganz Unrecht hat er ja nicht...

Irgendwann nach Mitternacht hatten wir das Thema durch und wir gingen zu Bett. Zu meiner großen Überraschung waren die Betten frisch bezogen und auf dem Nachttisch stand ein Piccolo mit zwei Gläsern. Auf meinen fragenden Blick, „wieso?", antwortet doch der Schlingel: „Heute Nacht schlafe ich zum ersten Mal in meinem Leben mit einer designierten Außenministerin; das ist doch eine ganz andere Nummer als mit einer Parteivorsitzenden..."

Mittwoch, 8. Dezember 2021

Der Tag des Regierungswechsels. Ich zog zur Feier des Tages mein leuchtend blaues Kleid an und ließ mich von Daniel in den Bundestag fahren. Ab morgen werde ich im Dienstwagen kutschiert, hoffentlich ein E-Auto. Daran werde ich mich auch gewöhnen müssen, rechts hinten zu sitzen, statt auf dem Beifahrersitz neben Daniel.

Nach der Wahl von Olaf Scholz zum Bundeskanzler ging es im Eiltempo zum Schloss Bellevue, wo der Bundespräsident schon mit den Ernennungsurkunden wartete. Dann zurück zum Bundestag zur Vereidigung. M. saß auf der Ehrentribüne und wurde mit Standing Ovations geehrt. Ich freute mich, sie zu sehen. Später konnte man in der Zeitung lesen, dass bei einem Regierungswechsel noch nie so viel parteiübergreifend „gedrückt, geherzt und umarmt" wurde - ohne Rücksicht auf Abstandsregeln und Maskenpflicht.

Donnerstag, 9. Dezember 2021

Als frisch gekürte Außenministerin machte ich mich sofort auf, zu drei Antrittsbesuchen in Frankreich, Brüssel und Polen.

Ich war heilsfroh, schon am frühen Vormittag meinen französischen Kollegen Jean Yves LeDrian aufgesucht zu haben, denn ich fürchte die anstrengenden, kalorienreiche Dinners mit schweren Bordeaux-Weinen und Champagner zur Begrüßung, ohne danach die Gelegenheit zu einem Nickerchen zu haben. Zudem kam ich aber doch noch, denn wir fuhren vom Gare du Nord nach Brüssel mit dem TGV, und für eine halbe Stunde konnte ich tatsächlich entspannt die Augen schließen.

Mein Antrittsbesuch bei meinem französischen Kollegen war meine Premiere und galt dem Kennenlernen. Bis auf einen kleinen Ausrutscher bei der kleinen Pressekonferenz ist alles zu meiner Zufriedenheit gelaufen. Da fragte mich doch ein französischer Journalist, wie ich denn über Atomkraftwerke denke.

Meine Mitarbeiter haben mir nachher vorgeworfen, ich hätte völlig undiplomatisch eine rüde Antwort gegeben mit der knappen Äußerung, „es ist doch bekannt, wie wir Grünen über Atomenergie denken". Na ja, die diplomatischen Feinheiten muss ich offensichtlich noch lernen.

Am Nikolaus-Tag gab es für manche eine faustdicke

Überraschung: Olaf Scholz holte den Epidemiologen Dr. Karl Lauterbach als Gesundheitsminister aus dem blankgeputzten Nikolaus-Stiefel. Selbst die Opposition in Person des CDU-Generalsekretärs Paul Ziemiak war erfreut und sprach von einer „klugen Wahl". Nur dem Welt-Ärzte-Präsident Dr. Frank-Ulrich Montgomery war die Enttäuschung anzumerken, dass man ihn nicht berücksichtigt hat; er hielt sich für die bessere Wahl.

Sonntag, 12. Dezember 2021, der 3. Advent

Zum ersten Mal bin ich am 3. Advent nicht zu Hause bei meiner Familie, sondern dienstlich unterwegs nach Liverpool zum G-7-Außenministertreffen. Das geht alles Schlag auf Schlag, man springt ins kalte Wasser und muss sofort schwimmen, ohne Rettungsring. Und man darf keine Ermüdungserscheinungen zeigen, die werden einem glatt als Schwäche ausgelegt. Außerdem muss man starke Nerven und ein gesundes Herz haben, einen gesunden Verstand sowieso.

Ich hatte die Gelegenheit, in Glasgow den amerikanischen Außenminister Antony Blinken und die britische Kollegin Liz Truss kennenzulernen. Die ganze Veranstaltung war für mich allein schon deshalb lohnend, weil ich im nächsten Jahr dran bin, die G-7 Runde in Deutschland auszurichten.

Das Abschiedsessen am Sonntagmittag fand im Fußballstadion an der Aufield Road statt. Der knorrige französische Außenminister Jean-Yves LeDrian, den ich ja gerade 3 Tage zuvor in Paris aufgesucht hatte, freute sich wie ein Schuljunge, mich wiederzusehen und wich nicht von meiner Seite, vielleicht, weil ich ganz gut französisch spreche; alle anderen sprachen Englisch miteinander. Aber dieser Charmeur brachte es doch fertig, in meiner Gegenwart seinem engsten Mitarbeiter zuzuflüstern, aber so, dass ich es hören konnte: „Mme A. B. ist die B. B. unter den Außenministerinnen dieser Welt." Ich überhörte sein vergnügtes Glucksen und er übersah den Anflug von Röte auf meinem Gesicht.

Am Abend des 3. Advent tot müde zu Hause angekommen, baute ich relativ schnell meinen Stress ab, wozu die Harmonie in meiner Familie ebenso beitrug, wie der Anblick der drei brennenden Kerzen auf dem Adventskranz. Bei einem Glas Rotwein fragte ich Daniel, ob es noch Sinn macht, meine Tagebuch-Eintragungen fortzusetzen.

Als Außenministerin kommen so viele Termine, Gespräche und Treffen zustande, die genügend interessanten Stoff fürs Tagebuch böten, aber leider unterliegen sie alle der Vertraulichkeit und landen als offizielle Protokolle oder vertrauliche Memos im Archiv.

Daniel riet mir, angesichts meiner knapp bemessenen Freizeit, meine Klima-Gedanken zu Ende zu führen und keine neuen Kapitel zu beginnen.

Die Tage zwischen Weihnachten und Neujahr wären die letzte Chance, daran zu arbeiten, später bremsen mangelnde Zeit und nachlassende Kraft den nötigen Antrieb.

Er überzeugte mich, und ich beschloss, seinem Rat zu folgen. Die gedankliche Auseinandersetzung mit Nebenwirkungen der Klimakrise auf internationaler, oder besser auf globaler Ebene, würde ja auch meiner außenpolitischen Aufgabe zugutekommen. „Wissen ist Macht" gilt auch in diesem Fall, denn egal, wo und wann welche Klimaabkommen ausgehandelt werden, letztendlich be-stimmen nur facts & figures die Richtung, wohin die Reise geht. Und da kann es nicht schaden, mit Fachwis-sen zu überraschen und nicht mit Emotionen.

Die apokalyptischen Reiter

Es bringt zwar nichts, das Unvorhersehbare vorhersehen zu wollen, aber ich wage es trotzdem. Seit der Zeit, in der ich mich intensiv mit Klimafragen befasst und die Einsicht gewonnen habe, dass der Mensch physikalischen und chemischen Prozessen in der Natur nichts Gleichwertiges entgegensetzen kann, ohne damit gleichzeitig andere Prozesse auszulösen, die dem Menschen noch mehr Pein bereiten, seitdem ist mein Respekt vor der Natur stark gewachsen. Nachdem die Menschheit die Natur jahrhundertelang schamlos ausgenutzt und ausgebeutet hat, zeigt sie uns jetzt, dass ihre Geduld am Ende ist und schickt die ersten, unübersehbaren Warnungen.

Man muss nicht unbedingt Physik studiert haben, um zu erkennen, was uns blühen wird im Laufe der nächsten 100 Jahre. Naturwissenschaftliche Erkenntnisse und logisches Denken führen zu dem Ergebnis, dass die Erderwärmung vorerst nicht zu stoppen ist, der Trend geht eher weiter Richtung +4°C bis +5°C. Ein dauerhafter Stopp bei 1,5°C oder 2,0°C, wie es das Pariser Klimaabkommen fordert, wäre gegen alle Regeln der Physik und ist daher reines Wunschdenken. Die Natur lacht über unser Ultimatum, bis zum Jahresende 2050 CO_2-neutral zu sein und bereitet die nächste Offensive vor: Sie rüstet auf und schickt uns die vier apokalyptischen Reiter der Neuzeit auf den Hals:

- Hunger,
- Hitze und Dürre,
- Überschwemmungen und
- als Folge Migration ungeahntem Ausmaßes.

Albrecht Dürer hat im 15. Jahrhundert mit seinem berühmten Holzschnitt der vier apokalyptischen Reiter - Pest - Krieg - Hunger und Tod noch Schrecken und Entsetzen in Europa ausgelöst und die Wirklichkeit war noch verheerender als die bildliche Phantasie von Dürer. Heute stehen uns ganz andere Möglichkeiten zur Verfügung, um der Menschheit vor Augen zu führen, was sie erwartet. Berichte in Presse und Fernsehen über Dürren und Hungersnöte, Überschwemmungen und angeschwemmte Leichen im Mittelmeer werden zwar zur Kenntnis genommen, gelegentlich auch kommentiert, aber von Betroffenheit ist wenig zu spüren, und wenn, dann nur für kurze Zeit. Sind wir heute abgestumpfter, dafür aber geübter in der Kunst des Verdrängens?

HUNGER

Der Hunger, den Millionen Menschen leiden müssen - und jedes Jahr werden es mehr - ist nicht allein dem Klimawandel anzulasten. Der Hunger hat viele Väter und die Menschheit hat inzwischen gelernt, mit immer raffinierteren Waffen gegen anzukämpfen.

Hungersnöte, die die Kartoffelfäule in Irland Mitte des 19. Jahrhunderts ausgelöst hat und die über eine Million Verhungerte zur Folge hatte, sind zumindest in Europa heute kaum noch vorstellbar. Damals trieben Egoismus, Hochmut und Selbstzufriedenheit der englischen Upperclass die Bevölkerung des abhängigen Agrarlandes Irland in den Tod; in der heutigen EU würde eine beispiellose Welle der Solidarität einsetzen, die das Überleben der Iren gesichert hätte - so ändern sich die Zeiten.

Aber spontane humanitäre Hilfsaktionen bei Hungersnöten ist die eine Seite der Medaille, auf der anderen Seite gibt es Trends, die nur schwer zu brechen sind, wenn Hungersnöte immer häufiger auftreten, immer länger anhalten und immer mehr Länder betreffen. Dann scheitern auch die bestorganisierten Hilfsleistungen und die Katastrophe nimmt ihren Lauf, wie folgende Perspektive zeigt: Unser Planet wird zur Zeit von knapp 8 Milliarden Menschen bevölkert, die alle essen und satt werden wollen und sollen. Drei Grundnahrungsmittel stehen ihnen zur Verfügung, nämlich Weizen, Mais und Reis, aber schon heute nicht in ausreichender Menge. Die internationale Welternährungsorganisation FAO geht davon aus, dass die Weltbevölkerung bis 2050 auf 9 bis 10 Milliarden anwachsen könnte. Und die FAO weist darauf hin, dass bereits jetzt schon ein Viertel aller Afrikaner südlich der Sahara unterernährt ist und sich nicht aus eigener Kraft ernähren kann. Und gerade diese Bevölkerungsgruppe wächst rasant und verschärft das Nahrungsproblem ins Unerträgliche. Sollten sich die Zahlen von bis zu 10 Milliarden Erdbewohner binnen 30 Jahren bewahrheiten, müssten nach Berechnungen der FAO die Weizenerträge jährlich um 5% wachsen - das ist utopisch bei den derzeitigen Wachstumsraten von 1%.

In absoluten Zahlen ausgedrückt, könnten wir laut FAO im Jahre 2080 weltweit ca. 850 Millionen Tonnen Weizen pro Jahr ernten, unter der Prämisse, dass die Erdtemperatur nicht weiter ansteigt. Bei 9 Milliarden Erdbewohnern werden jedoch 1.050 Millionen Tonnen benötigt, es fehlen also jährlich ca. 160 Millionen Tonnen Weizen.

Wird jedoch eine durchschnittliche Erderwärmung von 2°C angenommen, so wird mit dem Anstieg der Temperaturen die Weizenernte kontinuierlich abnehmen, bis schließlich nur noch 630 Millionen Tonnen für 9 Milliarden Menschen zur Verfügung stehen, d.h., es werden nur 50% der benötigten Weizenmenge produziert werden können - die Hungerfalle schnappt zu und die Erdbevölkerung reduziert sich schlagartig.

Klima und Übervölkerung sind also die Ursachen künftiger Hungersnöte. Das ungeschminkte Ergebnis dieser unglücklichen Konstellation wird sein, dass wir beginnen müssen, das Problem der Übervölkerung zu lösen, weil es in unserer Hand liegt, die Situation zu entschärfen. Das Klima in absehbarer Zeit zu ändern, liegt leider nicht in unserer Hand, dafür sind die Waffen der Natur zu übermächtig.

Anschaulicher als lange Zahlenreihen und Statistiken, die den Ernst der Welternährungslage verdeutlichen, zeigt ein Report der Londoner Lloyd-Versicherung von 2015 unter der Horror-Überschrift „Food-System Shock!"; die FAZ hat dieses Szenario, das auf realen Zahlen beruht, im Dezember 2018 veröffentlicht. Ökonomen, Meteorologen und Agrarwissenschaftler haben ein Bild zusammengestellt, das so in seiner Gesamtheit zwar noch nie eingetreten ist, wohl aber jedes Einzelereignis. Das Szenario beginnt mit einem ungewöhnlich starken El Nino, der im Verlauf eines Jahres eine Kettenreaktion auslöst:

„Hurrikans verzögern in Amerika die Aussaat. Überschwemmungen des Mississippi und Missouri lassen die Erträge von Mais, Weizen und Soja um ein Viertel schrumpfen. In Indien kommt es zu einer Hitzewelle, während in Pakistan, Nepal und Bangladesch sintflutartige Regenfälle niedergehen, was in Australien zu einer Dürre führt und die Hälfte der Weizenernte vernichtet. In der Türkei, in Kasachstan und der Ukraine wird der Weizen von Rost befallen, einem Pilz, der die Erträge um 10% schrumpfen lässt. Aus Sorge, den Eigenbedarf nicht mehr decken zu können, verhängt Indien daraufhin einen Ausfuhrstopp für Reis. In der Folge bricht der weltweite Getreidehandel ein, der Weizenpreis verdreifacht sich. Um die Ausfälle abzufangen, überdüngen die Bauern ihre Felder, was das Grundwasser belastet und den Preis für Erdöl nach oben treibt, das zur Düngerherstellung notwendig ist. Um Futterkosten zu sparen, schlachten viele amerikanische Farmer mehr Vieh als sonst, was zu einem Überangebot an Fleisch führt und zu einer Pleitewelle.

Wegen der hohen Lebensmittelpreise kommt es in Nigeria zu einem Bürgerkrieg, in Ägypten übernehmen Muslimbrüder die Macht. Im Mittleren Osten, Nordafrika und Lateinamerika brechen Unruhen aus, die den Ölpreis weiter treiben. Ein außergewöhnliches Wetterphänomen - und am Ende eines einzigen Jahres sieht die Welt anders aus."

Die Eintrittswahrscheinlichkeit zu diskutieren, ob und wann der „Food-System Shock" eintreten kann, ist müßig. Wichtig ist allein, dass wir mit diesem Szenario einen Eindruck gewinnen, wie in einem immer komplexer werdenden System die einzelnen Faktoren immer schneller und enger aufeinander reagieren.

HITZE & DÜRRE

Es besteht Einigkeit in der internationalen Klimaforschung, dass für die außergewöhnlichen Klimaverschiebungen zwei gewichtige Faktoren maßgeblich sind:

1. ansteigende CO_2- und Methan-Emissionen
2. daraus ableitend: abschmelzende Polkappen und Gletscher.

Beide Faktoren reichen aus, um physikalische Mechanismen in Gang zu setzen, die wir als Klimaverschiebung wahrnehmen: Anstieg der Erdtemperatur - Zunahme des Eisschmelzprozesses - Anstieg des Meeresspiegels. Dann als Folge: Dauerhitze, zunehmende Regenhäufigkeit und Menge, zunehmende Stürme in Anzahl und Stärke. Aus einer Kette von Extremwetter bildet sich ein verändertes Klima heraus, ein langfristiger Prozess, der länger andauern wird, als uns lieb ist.

Der Mensch hat vielleicht eine kleine Chance, irgendwann in diesem Jahrhundert eine CO_2-Neutralität zu erreichen, aber es liegt nicht in seiner Macht, in absehbarer Zeit eine Klimaneutralität herbeizuführen, weil er weder den Abschmelzprozess des Polareises stoppen, noch den daraus resultierenden Anstieg des Meeresspiegels verhindern kann. Unsere Waffen gegen die Naturgewalten sind stumpf und ungeeignet, das müssen wir kapieren und respektieren. Die Politik sollte ihren Mitbürgern nichts von „Klimaneutralität" vorgaukeln, mit dem Versprechen, alles wird besser (und teurer), wenn doch die Daten dagegen sprechen. Es wäre besser, den „Worst Case" im Auge zu behalten und die Mitbürger früh genug über die drohenden Gefahren aufzuklären, die auf die dritte oder vierte Generation zukommen dürfte. Auf Beschwichtigungen, Verharmlosungen und Schutzbehauptungen reagiert das mündige Volk irgendwann allergisch – Ex-Papst Joseph Ratzinger wird das bestätigen können...

Die schlimmsten Dürren seit Jahrzehnten treffen ausgerechnet die ärmsten Nationen, die ohnehin schon durch Wasserknappheit geschädigt sind. Zu diesen wasserarmen Landstrichen gehört die bevölkerungsreiche Region von Mesopotamien bis an die Atlantikküste. Die dortigen Einwohner leiden Jahr für Jahr an lang anhaltenden Dürren und abnehmenden Niederschlägen, mit fatalen Folgen: Ernten gehen verloren, neues Saatgut können sich die wenigsten leisten, und wenn, wird auch dieses Opfer der Dürre oder gefräßiger Heuschreckenschwärme - ein Teufelskreis.

Das fehlende Wasser bedeutet weniger Viehzucht und weniger Feldanbau. Hinzu kommt das überdurchschnittliche Anwachsen der Bevölkerung, was eine weitere Belastung für die Region bedeutet. Knapp 450 Millionen Bewohner werden nach Angaben der Weltbank im Jahre 2050 auf über 650 Millionen anwachsen. Damit steigt automatisch der Verbrauch des knappen Wassers und es steigt die Nachfrage nach Nahrungsmitteln, bei gleichzeitigem Rückgang der eigenen Lebensmittelproduktion. „Zwei Züge rasen aufeinander zu", hat es treffend Rainer Hermann in einem Essay über den Klimawandel im Nahen Osten formuliert. Das Ergebnis dieser erwartbaren Katastrophe werden auch wir in Europa zu spüren bekommen: Eine Migrationswelle ungeheuren

Ausmaßes wird sich Richtung Norden in Bewegung setzen, zusätzlich zu den Flüchtlingen aus den Bürgerkriegsstaaten Irak, Syrien, Libyen und dem Jemen. Die Städte Europas sollten sich auf diese Welle vorbereiten...

Ein vom Klimawandel betroffener, schwergewichtiger nordafrikanischer Staat ist Ägypten, dessen Bevölkerung jährlich um 2 Millionen wächst. Auch Ägypten leidet unter Dürren und abnehmenden Niederschlägen, hat aber zusätzlich das Problem, dass seine Hauptwasserquelle der Nil ist. Äthiopiens Nil-Staudamm birgt enormes politisches Konflikt-Potential, weil es seinem ägyptischen Nachbarn das dringend benötigte Wasser abgräbt. Agrarfachleute schätzen, dass Ägypten bis zu einem Drittel seines landwirtschaftlich genutzten Bodens verlieren könnte, wenn es nicht gelingt, mit westlicher Hilfe durch ein effizientes Wassermanagement den reduzierten Nilwasserdurchfluss zu kompensieren.

ÜBERSCHWEMMUNGEN

Überschwemmungen begleiten uns seit dem Anstieg der Erdtemperaturen. Überschwemmungen durch Hochwasser, Überschwemmungen durch Schneeschmelze, Überschwemmungen durch Starkregen. Häufigkeit, Intensität und Dauer der Überschwemmungen nehmen zu und natürlich auch der Schadensumfang.

Nun hat es auch Deutschland mit seiner Flutkatastrophe im Ahrtal kalt erwischt, mit über 100 Toten, noch mehr Verletzten und gewaltigen Schäden in Milliardenhöhe. Jetzt klagen nicht nur die fernen Länder, wo Flutwellen und Tsunamis die Küstenstädte unter Wasser setzen, sondern auch wir Binnenländer. Die Frage stellt sich jedoch, ob wir die Gefahr ernst nehmen und frühzeitig geeignete Vorkehrungen zum Schutze der Bevölkerung treffen.

In Norddeutschland weiß man durch regelmäßig erlebte Sturmfluten um die Gefahren, an Küste und Deich zu leben und jeder kennt dort das Sprichwort „wer nicht will deichen, muss weichen". Aber es will niemand weichen - das Beharrungsvermögen der Alteingesessenen ist groß, weil es einmalig schön ist, am Meer zu wohnen. Also muss „gedeicht" werden. Schleswig-Holstein hat in seinem Generalplan „Küstenschutz" 360 Millionen Euro für die nächsten 10 Jahre vorgesehen, um 74 km Landesdeich an den Klimawandel anzupassen. Gelingt das nicht, wird das Sprichwort lauten: „Wer nicht will weichen, muss rechnen mit Leichen."

Indonesien z.B. schätzt die Gefahr einer Überschwemmung seiner Küsten durch den ansteigenden Meeresspiegel als „sehr hoch" ein, und fängt bereits heute an, seine Hauptstadt Jakarta ins Landesinnere zu verlegen, auch wenn die erwarteten Flutwellen erst in 10 Jahren anrollen werden.

Nirgendwo auf der Welt hinterlässt die Erderwärmung so radikal und unbarmherzig ihre Spuren, wie in der Arktis und Antarktis. Es ist nicht auszuschließen, dass bei einem weiteren Anstieg der Erderwärmung auf über 2°C im Laufe der nächsten 100 bis 200 Jahre, das gesamte Eis der Westarktis abschmilzt und den Meeresspiegel um 3 m ansteigen lässt, und nichts kann diesen Prozess aufhalten. Unsere Hansestädte an der Küste und die norddeutsche Tiefebene werden im Laufe der nächsten Jahrhunderte das Ergebnis der Eisschmelze zu spüren bekommen. Wir verlieren ordentlich Festland und gewinnen ordentlich Küstengewässer. Aber das ist noch wenig im Vergleich, was Holland, Belgien oder Dänemark verlieren werden. Diesen apokalyptischen Reiter hält niemand auf, und das sollten wir früh genug zur Kenntnis nehmen und nicht mit lauen Beschwichtigungsversuchen verharmlosen. Wir als Regierung werden die drohende Gefahr ernst nehmen und Vorbereitungen treffen: Evakuierungspläne ausarbeiten, über Hochwasserschutz bei Gebäuden nachdenken und Vorkehrungen für gefährdete Energieversorgung, Kraft- und Wasserwerke treffen, Flachwasserboote zum Transport bereithalten, sowie Trinkwasser- und Lebensmittelvorräte an sicheren Orten bunkern.

Migration

Die apokalyptischen Reiter kommen selten einzeln - einer ergänzt den anderen und das macht sie so gefährlich. Die Migrationswelle, die gerade anfängt, sich zu formieren, ist das jüngste Mitglied der vier apokalyptischen Reiter und wie seine Brüder, ein Kind des Klimawandels.

Während die drei Brüder der Schrecken der Landbevölkerung in unterentwickelten Staaten sind und sie in Todesängste versetzt, ist der vierte im Bunde, die Migration, der Schrecken der wohlhabenden Nationen und reichen Bürger. Wer gern heiß badet, fürchtet den Zulauf von Kaltwasser.

Die Völkerwanderung im 4. Jahrhundert von Nord nach Süd wurde auch durch klimatische Veränderungen ausgelöst. Es ist nicht überliefert, ob die Nordländer in

Italien, Spanien oder Nordafrika immer willkommen waren. Zweifel sind angebracht, denn immerhin verdanken wir dem ungezügelten Wüten des germanischen Stammes der Vandalen vor 1.600 Jahren die Bezeichnung "Vandalismus" für blindwütige, ungehemmte Zerstörungswut.

Ob 30-jähriger Krieg oder Religionskriege - solange Siedlungsland im Überfluss vorhanden und die eigene Bevölkerung durch die Kriege dezimiert war, wurden die Zuwanderer von der Bevölkerung des aufnehmenden Staates nicht als Konkurrenz oder gar als Bedrohung empfunden. Im Gegenteil: Protestanten, Calvinisten oder Hugenotten, die aus religiösen Gründen ihre Heimat verlassen mussten, brachten Kenntnisse und Arbeitsethos mit, die dem aufnehmendem Land sehr zugute kam. Sie erhielten neben Siedlungsland oft großzügige Steuerbefreiungen für eine gewisse Zeit und andere Vergünstigungen, nur um sie zum Bleiben zu bewegen.

Das änderte sich schlagartig mit dem 2. Weltkrieg. Infolge der verlorenen Ostgebiete setzte 1944/45 eine nie gekannte Flüchtlingswelle Richtung Westen ein. Über vier Millionen Ausgewiesene und Flüchtlinge versuchten in Restdeutschland eine Bleibe zu finden und stießen oft genug auf Vorbehalte, Ablehnung, ja Feindschaft. Restdeutschland war stark zerstört, Wohnraum knapp, man begnügte sich mit wenigen Quadratmetern, Arbeitsangebote gab es kaum und jeder versuchte den anderen auf dem Schwarzmarkt zu übervorteilen. Die amtlich verordnete Zwangseinweisung trug auch nicht gerade zur Verbrüderung bei.

Aber letztendlich gab es mit dem beginnenden „Wirtschaftswunder" ein „Happy End", wozu die Schlesier, Sudetendeutschen, Pommern, Ost- und Westpreußen einen erheblichen Teil beitrugen. Der Aufbau des zerstörten Landes wurde von allen gemeinsam geleistet, mit gemeinsamen Entbehrungen und gemeinsamen Zielen.

Die sich jetzt abzeichnende Migrationswelle ist jedoch von ganz anderer Dimension, ohne „Happy End" und unvergleichbar mit allem, was wir bisher erlebt haben. Jeder kennt die Bilder der letzten zehn Jahre aus der Presse und dem Fernsehen mit dem immer gleichen Thema: Flüchtlingswellen aus Nah-Ost und Nordafrika, Überquellen des Flüchtlingslagers auf Lampedusa, Auffischen von immer mehr Ertrunkenen aus dem Mittelmeer, die es nicht geschafft haben, mit ihren maroden Booten das europäische Festland zu erreichen. Die Europäer reagieren gereizt, wenn Italien oder Griechenland darum bitten, ihnen eine bestimmte Quote an Flüchtlingen abzunehmen. Und Frau Merkel wurde 2015 öffentlich beschimpft, als sie mit den Worten „Wir schaffen das!" als Einzige Barmherzigkeit zeigte, und Hunderttausenden das Tor zu einem menschenwürdigen Leben öffnete. Ihre Wähler dankten es ihr nicht alle.

Die politische Unstabilität in den Ländern des vorderen und mittleren Orients waren der Auslöser für die ersten Flüchtlingswellen nach Europa, dann kam die Welle der Wirtschaftsflüchtlinge und nun sind es die Ärmsten der Armen, die vor dem Klima fliehen; auch Deutschland heißt sie nicht mehr willkommen, solange andere europäische Länder mauern und lässt sich auf beschämende Verhandlungen mit der Türkei ein, uns gegen Bezahlung die Flüchtlinge vom Hals zu halten.

Nicht viel besser ist der perfide politische Rachefeldzug des weißrussischen Präsidenten Lukaschenko, der zu Tausende syrische Flüchtlinge an die polnisch-weißrussische Grenze führen lässt, mit dem Versprechen, sie auf diesem Weg ins gelobte Land zu geleiten.

Sie finden aber nur frischen Stacheldraht und bewaffnete polnische Polizei vor, kommen weder vor, noch zurück und müssen unter erbärmlichen Bedingungen bei Regen und Kälte im Freien campieren, ohne realistische Chance, die Grenze jemals überwinden zu können.

Auch die Rekordzahlen von Migranten, die von Frankreich kommend, den Ärmelkanal nach Großbritannien überqueren, lassen aufhorchen. Die Zahl von fast 530.000 Bootsflüchtlingen hat sich 2021 im Vergleich zum Vorjahr mehr als verdreifacht, und das bei schärferen Sicherheitsmaßnahmen, Kontrollen und Schikanen.

Die politisch und wirtschaftspolitisch ausgelösten Flüchtlingswellen versetzen bereits jetzt schon Europa in Angst und Schrecken: Keiner hat sie hergebeten, niemand will sie haben und sind sie illegal ins Land gekommen, will man sie schnellstens wieder loswerden.

Das ist aber bedeutungslos im Vergleich, was mit der Klima-Fluchtwelle einsetzen wird, wenn sich die Bewohner Zentral-Afrikas auf den Weg von Süd nach Nord machen.

Daniel sagt, mir gehe die Fantasie durch und ich würde vor lauter Schwarzmalerei den Sinn für die Realität verlieren. Meine Befürchtungen und Ängste seien unbegründet, wir haben internationale Verträge, wir haben geschützte Landesgrenzen und technische Mittel, um uns zu wehren. „Umgekehrt wird ein Schuh daraus", erwiderte ich. Es gibt einen neutralen UN-Bericht, der meine Befürchtungen teilt, der eine Warnung ist, ohne in schreckliche Details zu gehen: Im Jahre 2070, also in weniger als 50 Jahren, werden 3,5 Milliarden Menschen nicht mehr dort leben, wo sie jetzt sind, weil Todeszonen rund um den Äquator entstehen und die Menschen vertreiben. Hunger, Trinkwassermangel und Trockenheit sind die Todesboten. Daniel hat das nicht überzeugt; er hält Europa immer noch für einen Hort der Ruhe, der Ordnung und des Wohlstandes; wenn er sich da mal nicht täuscht! Ich ließ also nicht locker und konfrontierte ihn mit facts & figures, die ich im Laufe der letzten Monate zusammengetragen hatte:

Heute leben knapp 8 Milliarden Menschen auf der Erde, ein Plus von 82 Millionen gegenüber dem Vorjahr. Das relative Wachstum nimmt deutlich ab, betrug es zwischen 1965 und 1970 noch 2%, so hat es sich inzwischen auf 1% halbiert. Die Stiftung Weltbevölkerung (DSW) macht die weltweit gesunkenen Fertilitätsraten für diesen Trend verantwortlich. Die durchschnittliche Kinderzahl pro Frau liegt momentan bei 2,5. Sobald wir eine Fertilitätsrate von 2,1 unterschritten haben, ist Schluss mit dem Wachstum der Weltbevölkerung. Der Trend der abnehmenden Geburten ist bei nahezu allen „wohlhabenden" Ländern zu beobachten. Dazu zählt mittlerweile auch China. Noch ist es mit 1,44 Milliarden Bewohnern das bevölkerungsreichste Land, doch rechnen die Vereinten Nationen damit, dass sich diese Zahl bis Ende des Jahrhunderts nahezu halbieren wird und Indien der neue Spitzenreiter wird, gefolgt von Nigeria.

Trotz der sinkenden Fertilitätsraten rechnen die Institute für demographische Forschung aber mit einem Anwachsen der Weltbevölkerung bis zum Jahre 2100 bis auf über 10 Milliarden Menschen. Wie kann das gehen? Diese kühne Prognose beruht auf 2 Annahmen:

1. Man erwartet, dass die ohnehin schon besonders bevölkerungsreichen Länder wie Indien, Pakistan, Indonesien, Brasilien und Nigeria bis 2100 um etwa 900 Millionen Menschen anwachsen werden.
2. In Afrika ist zwar auch ein Rückgang der Fertilisation von 6,0 im 20. Jahrhundert auf jetzt „nur" noch 4,3 zu verzeichnen, aber südlich der Sahara liegt die durchschnittliche Geburtenrate bei 4,7. Allein im Süden Afrikas könnten 2050 2,1 Milliarden Menschen leben und damit doppelt so viel wie heute. Die demographischen Forschungsinstitute prognostizieren für die Zeit um 2100 4 Milliarden farbige Einwohner auf dem afrikanischen Kontinent.

Mit anderen Worten: Geht die Weltbevölkerung wegen der allgemein sinkenden Fertilisation auf 8 Milliarden zurück und wächst die afrikanische Bevölkerung in der gleichen Zeit auf 4 Milliarden an, so wird jeder zweite Mensch auf Erden ein Afrikaner sein. 4 Milliarden Menschen auf einem Kontinent, der durch den Klimawandel bereits arg gebeutelt ist durch Dürren, Wassermangel, Ernteausfälle und Heuschreckenschwärme, das kann nicht gut gehen und wird auch nicht gut gehen. Irgendwann wird der Bevölkerungsdruck in Afrika ein Ausmaß erreicht haben, dass die Dinge außer Kontrolle geraten und folgende Prophezeiung wahr werden könnte:

„Ein Mensch, der in eine schon in Besitz genommene Welt geboren wird, hat keinen Rechtsanspruch auf die kleinste Menge von Nahrung und er hat kein Recht zu sein, wo er ist, falls er nicht von seinen Eltern Unterhalt erlangen kann und falls die Gesellschaft seine Arbeitskraft braucht. An der großen Festtafel der Natur ist kein Gedeck für ihn gelegt. Die Natur befiehlt ihm, zu packen und sie wird ihre Befehle rasch ausführen, falls es nicht das Mitleid eines ihrer anderen Gäste erregen kann. Wenn diese Gäste aufstehen und Platz für ihn machen, erscheinen sofort andere Eindringlinge und verlangen die gleiche Gunst. Die Nachricht, dass für alle, die da kommen, gesorgt sei, füllt die Halle mit zahlreichen Anspruchsträgern. Die Heiterkeit der Gäste wird zerstört durch das Schauspiel von Elend und Abhängigkeit in allen Teilen der Halle, während die Unerbetenen wütend sind, dass sie die Versorgung nicht finden können, die man sie erwarten lehrte. Die Gäste merken zu spät, welcher Irrtum es war, die strengen Befehle gegen die Eindringlinge zu missachten."

Ergo: „...den Neuankömmlingen ist der Zutritt zu verweigern, wenn ihre Tafel schon voll besetzt ist."

Der Verfasser dieses Textes dachte allerding nicht an Afrika, als er das niederschrieb, sondern an England und er dachte auch nicht an die gegenwärtige Bevölkerungssituation von 8 Milliarden Erdbewohnern, sondern an die Situation zu seinen Lebzeiten um 1800, mit gerade mal 1 Milliarde Bewohnern. Es handelt sich um den englischen Nationalökonom Thomas Malthus (Essay on the principel of population, 1803).

Heute werden die gleichen Gedanken, aber mit anderen Worten, wieder formuliert und die bange Frage gestellt, wie viele Menschen verträgt die Erde? Immerhin hat die Nahrungsmittelerzeugung bis Mitte des 20. Jahrhunderts mit dem Bevölkerungswachstum mehr schlecht als recht Schritt halten können, durch mehr Kapitaleinsatz, modernere Ackerbaumethoden und Einsatz von Kunstdünger. Die Ernteerträge konnten vervierfacht werden. Als es wieder drohte eng zu werden, Mitte letzten Jahrhunderts, halfen Neuzüchtungen, Einsatz von Pestiziden und Genveränderungen bei Getreide und Gemüse, zusätzliche Erträge zu generieren. Trotzdem scheinen die Grenzen erreicht zu sein, wenn man die regelmäßig veröffentlichten Berichte der FAO analysiert: Der warnende Hinweis, dass mehr als ein Viertel aller Afrikaner südlich der Sahara gefährlich unterernährt ist, lässt für die Zukunft nichts Gutes erwarten. Ehe sich die Betroffenen dem Hungertod stellen, werden sie versuchen - den Nomaden gleich, aber ohne Vieh - einen besseren Weideplatz zu finden. Dieser Platz wird nicht in Afrika sein, denn der Kontinent ist arm, überfüllt und ausgelaugt. Es wird eine permanente, anschwellende Flucht- und Auswanderungswelle von Süd nach Nord geben, von Afrika nach Europa.

Die heutigen Flüchtlingszahlen, die aus Griechenland, Italien und Spanien gemeldet werden, nehmen sich wie laue Lüftchen aus gegenüber den Zahlen, die uns bis Ende dieses Jahrhunderts erwarten. Wenn nur 1% der Bevölkerung südlich der Sahara wegen Hunger, Durst und Perspektivlosigkeit ihrem Land den Rücken dreht, dann sind 20 Millionen Schwarz-Afrikaner auf der

Walze, bekleidet mit dem Nötigsten, vielleicht noch mit einem Handy in den Jeans. Ihnen geht's wie den Bremer Stadtmusikanten: Den sicheren Hungertod vor Augen, bietet Europa vielleicht doch noch eine kleine Chance, zu überleben.

Europa wird natürlich die Grenzen mit Entschlossenheit sichern, vielleicht auch heftig von der Schusswaffe Gebrauch machen und die empörten Europäer, um ihren Einfluss und Besitz fürchtend, steigen auf die Barrikaden, nicht wissend, dass ihre Ur-Vorfahren, der Homo sapiens und der Neandertaler, ebenfalls schwarz waren und aus Afrika vor einigen hunderttausend Jahren nach Europa einwanderten. Keine Barriere und kein Stacheldraht und auch kein Maschinengewehr hält 20 Millionen, zu allem bereite und entschlossene Migranten auf, und wenn auch nur die Hälfte überleben sollte, so ist es ein Erfolg für die Afrikaner und der Weg ist bereitet für die nächste Welle. Jedes EU-Mitglied ruft den Notstand aus, der in Wahrheit ein Ausnahmezustand ist, jeder pocht auf sein begründetes Recht und alle wollen überleben. Es herrscht blanker Darwinismus. Auf solche Umwälzungen sollte sich Europa früh genug einstellen und vorbereiten, nicht mit Waffenarsenalen sondern mit diplomatischen und finanziellen Mitteln. Vielleicht gelingt es ja im Laufe der nächsten Jahrzehnte, mit Hilfe neuer Techniken und Erfindungen sowie gigantischer Investitionen der Natur ein Schnippchen zu schlagen und den afrikanischen Kontinent so zu bewässern und aufzupäppeln, dass tatsächlich 4 Milliarden Menschen ernährt werden können und sich der Migrationsdruck aufhalten lässt. Europa muss dafür tief in die Tasche greifen - die Afrikaner im eigenen Land zu halten hat seinen Preis.

Ob Afrika den Afrikanern oder Afrikaner in Europa: Wir werden gewaltige Abstriche an Wohlstand und Lebensstandard hinnehmen müssen, und das für Jahrzehnte. Das ist ein Naturgesetz wie das Prinzip der kommunizierenden Röhren.

Und wer die künftigen Strömungen verpennt oder ignoriert, dem wird die abgewandelte Version eines Satzes von Gorbatschow um die Ohren fliegen: „Wer zu spät kommt, bezahlt mit dem Leben..."

Vor Sonnenuntergang

Das Jahr neigt sich dem Ende zu. Weihnachten konnten wir ungestört zu Hause feiern und „zwischen den Jahren", bis Sylvester, werde ich mir die Zeit nehmen, all das Gedachte und Aufgeschriebene noch mal zu überfliegen. Danach werde ich das Tagebuch im wahrsten Sinne des Wortes abschließen und wegstecken. Erst in 8 Jahren, also 2030, werde ich es wieder hervorkramen, um zu sehen, welche Prognosen eingetroffen sind und wo ich völlig daneben lag. Ich werde dann ja sehen, ob Deutschland seine Klimaziele erreicht hat, oder ob wir uns finanziell verhoben haben, wie ich befürchte. Auch wird es spannend sein, zu sehen, ob der gesellschaftliche Zusammenhalt Risse bekommen hat und wie sich das parteipolitisch auswirkt.

Ich bin heute skeptischer als noch vor 6 Monaten, was unsere Zukunft angeht, denn alle relevanten Trends zeigen in eine Richtung, die mich nachdenklich, um nicht zu sagen besorgt dastehen lässt. Allein wenn ich schon sehe, wieviel Milliarden die seit 2 Jahren grassierende Corona-Pandemie kostet, da frag ich mich doch, wie wir 30 Jahre Klimakampf finanziell überstehen sollen. Wir werden die Zeithorizonte hinausschieben, unsere Ansprüche drastisch herunterfahren und alle Transformationsideen noch einmal auf ihre Dringlichkeit und Machbarkeit hin überprüfen müssen.

Es müssen klare Prioritäten gesetzt werden, die ein Normal-Bürger nachvollziehen und begleiten kann. Mehr Windräder, mehr Solartechnik, mehr grüner Strom durch Wasserstoff, mehr E-Autos, mehr Wohnungsbau, mehr Dämmung von Geschäfts- und Wohnhäusern, mehr Wald- und Baumpflege, mehr Küstenschutz und Vorsorge gegen das Wüten der apokalyptischen Reiter bei gleichbleibendem Wohlstand und ohne Steuererhöhung bedeutet die Quadratur des Kreises, das ist gleichzeitig nicht zu schaffen. Aber der Politiker will ja wieder gewählt werden und verspricht lieber das Blaue vom Himmel, als reinen Wein einzuschenken. Da war Winston Churchill doch von einem ganz anderen Kaliber, als er weiland von „Schweiß, Blut und Tränen" sprach, auf die Frage, was England zu erwarten habe im Krieg gegen Deutschland.

Der Krieg gegen die Natur wird auch kein Sonntagsspaziergang werden und wer frühzeitig aufklärt, vermeidet späteres Entsetzen und Enttäuschungen. Das böse Erwachen wird spätestens dann kommen, wenn auch der letzte Klima-Leugner merkt, dass er beschissen wurde, und dass eine Erderwärmung von +2°C die neue Normalität von Dauer sein wird.

Ich will in meinem Tagebuch noch eine Geschichte festhalten, die ich Daniel am 2. Weihnachtsfeiertag erzählt habe. Es geht darum, wie man Tiere einspannt, um bestimmte Botschaften oder neue Ideen unters Volk zu bringen. Darin war Lafontaine mit seinen Fabeln ein Meister, nicht minder Goethe mit seinem „Reinicke Fuchs".

Auch Erich Kästners „Konferenz der Tiere" zählt dazu. Meine Eltern wussten noch von der Düsseldorfer KKB-Bank zu berichten, wo der gezeichnete schlaue Fuchs der gezeichneten dummen Gans das Geheimnis des Sparbuches erklärte. Diese Werbebotschaften waren bei den Kunden sehr beliebt, weil die (klugen) Tiere Sympathieträger waren, mit denen sich der unbedarfte Kunde gerne identifizierte.

Das konnte man Jahre später, als Manfred Krug für einen Werbespot zum Kauf von Telekom-Aktien Name und Konterfei hergab, nicht unbedingt behaupten. Seine Beliebtheit und das Vertrauen in ihn nahm schlagartig ab, als die Aktie nicht das brachte, was Manfred Krug versprach, obwohl er doch nur Sprachrohr der Telekom war, ohne persönliche Haftung und vielleicht auch ohne persönliches finanzielles Engagement - die Gage für diesen wochenlangen Auftritt im Fernsehen muss wohl sehr verlockend gewesen sein...

Wie dem auch sei: Dichter, Schriftsteller und Werbefuzzis wussten schon immer, dass es leichter ist, gewisse - meist schwer verdauliche - Wahrheiten von Tieren statt von Menschen verkünden zu lassen. Das hat Erich Kästner in seinem Roman „Konferenz der Tiere" von 1949 glänzend umgesetzt und damit praktisch unsere heutigen Klima-Diskussionen vorweggenommen. Die Tiere erkennen, dass die von den Menschen selbst verursachten Probleme wie Kriege, Vertreibungen, Hungersnöte und Umweltzerstörungen von ihnen nicht zu lösen sind und ergreifen daher selbst die Initiative, indem sie alle Tiere der Erde zu einer Konferenz im Hochhaus der Tiere einladen.

Würde Kästner heute noch leben, wäre längst der 2. Band mit dem Titel „Die ständige Konferenz der Tiere" erschienen. Die Konferenzgebäude stünden in Madrid, weil sich die spanische Regierung als haustierfreundlichste Nation in Europa gezeigt hat, indem sie ab 2022 einem Haustier den Status eines Familienmitgliedes zubilligt. Haustiere gelten damit als „lebendige, fühlende Wesen" und nicht, wie bei uns, als Sache.

Bei Scheidungen gilt nun ein geteiltes Sorgerecht für

Hund, Katze oder Papagei. Richter müssen ihre Entscheidungen künftig an das Wohlergehen der Tiere knüpfen.

Als dieses Gesetz durchs spanische Parlament kam, brach ein ungeheurer Jubel in der „Ständigen Konferenz der Tiere" (SKT) aus, den man lange nicht gehört hatte. Wenn überhaupt etwas von der SKT nach außen drang, dann war es Wut, Verzweiflung, Anklage, Bitternis und Unverständnis. Schon im ersten Band haben die Tiere die Menschen als Urheber allen Übels angeklagt, das war 1949. Nach über 70 Jahren hat sich nichts, aber auch gar nichts geändert, im Gegenteil: Die Menschheit hat sich breit gemacht und immer mehr Tierarten bedroht oder verdrängt.

Den Tieren platzt langsam der Kragen und sie lassen in ihren Diskussionen kein gutes Haar an den Menschen. Waren 1949 noch der Löwe Alois, der Elefant Oskar und die Giraffe Leopold die Initiatoren der Tierkonferenz, hat sich inzwischen die Einsicht durchgesetzt, dass Körpergröße allein noch keinen Machtanspruch garantiert, sondern eher die schiere Menge, gepaart mit Intelligenz und dem Willen unbedingt zusammenzuhalten. So war es nicht verwunderlich, dass der Gorilla Ali, die Biene Maja und die Ameisenkönigin Luisa die Führung übernommen haben; das Schaf Dolly hatte keine Chance. Unter der neuen Führung wurden die Diskussionen und Forderungen der Tiere heftiger. „Mit welchem Recht", so beklagten es die Fische, „macht sich die Menschheit auf inzwischen 8 Milliarden Köpfe breit und dezimiert unsere Familien durch Überfischung auf allen Weltmeeren. Der Mensch ist das gefährlichste Raubtier und gefräßiger als jeder Hai." Diese Worte fanden viel Beifall, auch bei den ganz Kleinen, die die Menschen als „Ungeziefer" verunglimpfen.

Lachs & Stör wiesen darauf hin, dass zwar der World Wide Fund of Nature (WWF) auf ihrer Seite stehe, aber nichts ausrichten kann. Der WWF kann nur warnen und mahnen, aber nichts Grundsätzliches ändern. So warnten die Experten im WWF jüngst vor „dem größten Artensterben seit dem Ende der Dinosaurierzeit". Rund eine Million Arten seien innerhalb der nächsten Jahrzehnte vom Aussterben bedroht.

Jumbo, der afrikanische Waldelefant, beklagte sich bitter, dass seine Art in den vergangenen Jahrzehnten um 86% eingebrochen sei, aus dem einzigen Grund, weil Wilderer und Jäger es auf ihre Stoßzähne abgesehen hätten.

Alle waren sich einig, als einzelnes Individuum hätten sie gegen die selbstherrlichen Menschen keine Chance. Der Bulle könne zwar einen Torero auf die Hörner nehmen, aber das reicht doch nicht im Entferntesten, um der Menschheit einen Denkzettel zu verpassen, der sich gewaschen hat. Piggy, die gealterte Wildsau, erinnerte an die Gemeinheiten von sog. Behörden, dass bei einer Schweinepest nicht nur die vom Virus befallenen Tiere, sondern alle im Stall und näherer Umgebung getötet werden; die Menschen nennen das "keulen". Sogleich ertönte ein erbarmungswürdiges Aufjaulen von Kuh, Fuchs, Pute und ja, auch der Nerze hinter Gittern, die Ähnliches zu berichten wussten. Ob man es Rinderwahn, Geflügelpest oder Maul- und Klauenseuche nennt, immer müssen auch unschuldige Artgenossen mit ihrem Leben bezahlen. „Ja", bestätigte das Kälbchen, „aber vorher ziehen sie uns noch das Fell über die

Ohren und machen Ledersitze daraus, ist das nicht pervers?"

„Wir müssen eine neue Strategie finden, um dem Menschen zu zeigen, dass er sich etwas anmaßt, was ihm nicht zusteht", brummte Bobo, der Orang-Utan. Nur weil die Evolution vor einigen hunderttausend Jahren einige unserer Brüder in Afrika begünstigte und hervorhob, bilden sie sich heute ein, die Welt beherrschen zu dürfen. Die waren auch nur nackend, hungrig und verlaust wie wir Schimpansen, Gorillas und Orang-Utans. Aber im Laufe der Zeit bildeten sie sich ein, etwas Besseres, Edleres zu sein und blickten auf uns herab; sie machten uns zu ihren Sklaven. Sie wurden grausam, egoistisch und handelten gegen die Naturgesetze, rissen sich alles Land, was sie bekommen konnten, unter den Nagel, ohne Rücksicht auf uns und unseren Lebensraum. Sie verunglimpften und beleidigten uns, indem sie „speisen", wir aber „fressen" und „saufen". Und wenn sich die Menschen gegenseitig beleidigen, müssen wir ebenfalls herhalten mit Schmähungen, wie dumme Gans, dicke Sau, blöde Kuh, sturer Esel, geiler Bock, krummer Hund oder falsche Schlange. Alle Säugetiere, Vögel und Fische waren sich einig, dass die Ursache allen Übels der Mensch war. 8 Milliarden von dieser Sorte waren einfach zu viel und unerträglich.

Es war Kiki, der Buntspecht von Grafenberg, der daran erinnerte, dass bereits bei der Tierkonferenz 1949 die Aussichtslosigkeit von Kämpfen Tier gegen Mensch festgestellt wurde. Man änderte die Strategie weg von Straßenkämpfen, hin zu organisierten Massenvorstößen. „Ja, ja", brummte der alte, schwarze Kater Murr,

„davon haben mir die Eltern erzählt, das war ein interessanter Versuch, hatte aber auch nicht die gewünschte Wirkung: Erst haben wir die Mäuse nach Kapstadt geschickt, die das Konferenzgebäude der Menschen überfielen und alle Akten geschreddert haben und anschließend die Motten, die sich solange durch die Anzüge der Konferenzteilnehmer fraßen, bis sie nackt dastanden. Zu Ehren und zum Andenken an die Motten spricht man ja heute noch von KlaMOTTE in der Textilwirtschaft."

"Schon verstanden", fuhr Bobo genervt fort, „wir haben weiter experimentiert mit unseren Heuschreckenschwärmen, die waren kleiner und zahlreicher als die Mäuse. Als sie den Menschen in Afrika die Ernte weggefuttert hatten, merkten wir, es trifft die Falschen; learning by doing. Inzwischen wissen wir, dass wir nur dann eine Chance haben, wenn wir uns unsichtbar machen und unsere Angriffsmenge ins Unendliche steigern."

„Und wie soll das gehen?", trompetete das ungeduldig auf der Stelle stampfende Kamel. Ehe Bobo den Mund aufmachen konnte, sprang ihm Stracki, der Silberrücken aus dem Kongo bei und belehrte die Versammlung, dass sie als Primaten den Menschen am nächsten stehen. „Wir haben eine ähnliche Sozialstruktur wie die Menschen. Unser Gemeinschaftssinn, das Zusammenleben in Familien hat uns freilich auch anfälliger für Infektionskrankheiten gemacht - wie bei den Menschen. Denkt mal an EBOLA, das uns seit 2002 immer wieder Tod und Verderben gebracht hat. Euch Nashörner, Krokodile und Faultiere hat es nicht betroffen, nur uns Menschenaffen. Es ist wie ein Fluch und die Wahrscheinlichkeit, an diesem Virus zu sterben, liegt zwischen 50%

und 90%. Wir haben also reichlich und schmerzhaft Erfahrung mit dem Virus sammeln können. Was ich euch also sagen will ist, dass wir Menschenaffen uns gegenseitig infiziert haben, und dieses Wissen sollten wir ausnutzen. Auch unter uns Gorillas gibt es - wie beim Menschen - Superspreader; ihr ahnt, worauf ich hinaus will?"

„Nö", blökte Dolly, das schwarze Schaf, aber die Schlangen zischten es nieder und die Ziege meckerte es aus. „Aber das liegt doch auf der Hand", fuhr Stracki fort, „wenn die Viren, unsichtbar für alle, uns Menschenaffen tödlich treffen können, dann auch die Menschen. Wenn wir sie in Massen gegen die Menschen einsetzen, sind sie wirkungsvoller als Motten, Heuschrecken oder Mäuse."

Nach ein paar Sekunden atemloser Stille, fiel nach und nach bei den Delegierten der Groschen und anhaltender Applaus brandete auf. Die nervösen Störche klapperten um Ruhe und berichteten, dass die Viren längst in Marsch gesetzt worden seien. Was Ebola den Gorillas angetan hat, soll jetzt Corona der Menschheit antun. Auch mit ersten Erfolgszahlen konnten die Störche aufwarten:

Fast 6 Millionen Corona-Tote weltweit, davon 1 Million in den USA, 300.000 Tote in Mexiko, 150.000 Tote in Großbritannien, und das alles in nur 2 Jahren. [19)]

„Wir wollen die Menschheit doch nicht ausrotten", bellte Theo, der runde Mops, der sich gut mit den Menschen verstand, „doch nur dezimieren, also halbieren und damit, liebe Freunde, hätten wir auch viele Probleme halbiert. Was sind 50% Verlust an Menschen gegen 95% Verlust der Menschenaffen? Der Gorilla oder

Schimpanse ist niemandes Feind, der Mensch aber unser aller Feind!" Wieder zustimmende Scharrgeräusche durch die Hufen der Rindviecher, Bergziegen und Hängebauchschweine und heftiges Flügelflattern der Vögel, die sich mit vereinzelten Hochrufen wie „Theo for president" vermengten. Doch dieser wehrte bescheiden ab und bat um Ruhe für ein zusammenfassendes Schlusswort:

„Wir alle haben in der ständigen Konferenz der Tiere dazu beigetragen, wie es gelingen könnte, die Artenvielfalt auf Erden aufrechtzuerhalten, oder besser, wie wir sie retten können. Alle unsere Diskussionsbeiträge führten letztendlich zu der Erkenntnis, dass der Mensch Verursacher allen Übels ist. Schaffen wir es, die Menschheit zu halbieren, dann halbieren wir auch gleichzeitig deren Probleme: Die Umweltverschmutzung halbiert sich, der CO_2-Ausstoß halbiert sich, die Abholzung der Wälder halbiert sich, Massentierhaltung halbiert sich und natürlich auch die Schlachtungen, das Ausplündern der Erde."

Schon Friedrich v. Schiller hat es vor 250 Jahren auf den Punkt gebracht, als er dichtete: „Gefährlich ist's den Leu zu wecken, und schrecklich ist des Tigers Zahn, jedoch der schrecklichste der Schrecken, das ist der Mensch in seinem Wahn."

Noch nie in der Geschichte der Ständigen Konferenz der Tiere sind die Teilnehmer so euphorisch auseinandergegangen, wie aus der letzten Sitzung. Die nicht beteiligten Tiere rieben sich verwundert die Augen und es ging das Gerücht um, die Teilnehmer hätten in Cannabis gebadet, zumindest davon getrunken.

„Hörst Du mir eigentlich noch zu, Daniel?", fragte ich

vorsichtig, als ich merkte, dass mein Schatz leise Schnarch- Geräusche von sich gab. „Bis zum Schluss", sagte er „und ich bin beeindruckt, wie plastisch Du es vorgetragen hast. Ich kann die Tiere nur zu gut verstehen mit ihrer Wut auf die selbstherrliche Menschheit, die sich rücksichtslos vermehrt, ohne Rücksicht auf Flora und Fauna. Die Natur ist weder gerecht noch moralisch - warum soll da der Mensch in der Natur eine Sonderstellung einnehmen? Ich bin wahrhaftig kein Anhänger von Descartes mit seiner These, Tiere seien gefühllose Maschinenwesen, oder gar von Nicolas Malebranche, der im 17. Jahrhundert behauptete, sie essen ohne Freude, sie weinen ohne Schmerz, sie glauben ohne Wissen, es verlangt sie nach nichts, sie fürchten nichts."

„Nein", fuhr Daniel fort, „ich respektiere und achte die Tiere, und ich glaube an ihre Gefühle. Aber natürlich sind sie nicht die Einzigen, die den Menschen als Übeltäter für all das Elend identifiziert haben. Auch unsere Wissenschaftler wissen das schon lägst, darum heißen sie ja auch WISSENschaftler. Einer von ihnen, der Klimaforscher James Lovelock, vertritt z.B. die These, dass die Erde in 100 Jahren für nur noch maximal 1 Milliarde Menschen die Lebensgrundlage bieten könne. So pessimistisch bin ich freilich nicht, aber ich muss gestehen, seine These entbehrt nicht einer gewissen Logik:

Um 1780, also mit Beginn der Industrialisierung in Europa, zählte man 1 Milliarde Menschen auf der Erde. Da war das Erdklima noch ausgeglichen, weil allein die Natur regierte und nicht menschliche Techniken und Einflüsse.

Über 200.000 Jahre hat die Menschheit gebraucht, um die Marke von 1 Milliarde Menschen zu erreichen – aber nur 200 Jahre, um daraus 7 Milliarden zu machen, was zu einem Ungleichgewicht der Natur führte; CO_2-Überschuß, rücksichtslose Ausbeutung und Zerstörung der Umwelt. Ergebnis: Die drastische Klimaverschlechterung! Daran ist allein der Mensch schuld, er ist der Verursacher und nicht die Natur.

Verringert sich nicht die Zahl der Menschen beträchtlich, verringern sich auch nicht die belastenden Probleme. Eine Rückführung der Erdbevölkerung auf 1 Milliarde Menschen lässt zwar nicht sofort die Gletscher wieder entstehen oder die überhitzte Erde von +5°C um 4°C abkühlen, aber es könnte der Beginn einer echten Klimaneutralität werden, wenn bis zu 90% der „Übeltäter" aus dem Spiel sind.

Auch Lovelock ist nicht im Besitz der Glaskugel und kann daher nicht Umfang, Zeitpunkt und Ursachen des Menschenschwundes exakt definieren. Vielleicht nimmt dieser Prozess Jahrhunderte in Anspruch, und nur, weil unsere Generation das nicht mitbekommen wird, sollte sie nicht zu sorglos sein. Schon in 100 Jahren wird durch den permanent ansteigenden Meeresspiegel Millionen von Insel- und Flachlandbewohnern buchstäblich der Boden unter den Füßen weggezogen und auf dem Festland werden sich die Inselflüchtlinge buchstäblich auf die geschwollenen Füße treten. Auch die inzwischen weiter auf 4°C bis 5°C angestiegene Erderwärmung trägt dazu bei - wie von der Wissenschaft vorausgesagt - dass es ein hoher Prozentsatz an Mitbewohnern nicht überleben wird. Und da die Natur weder gerecht noch moralisch ist, macht es keinen Unterschied, ob man arm oder reich ist, weiß oder schwarz, katholisch oder konfessionslos. Das Chaos fällt über das Chaos her und die Natur hat wieder das Sagen und befiehlt dem Rest der Menschheit, geh zurück auf „Los" und beginne von vorn - aber lerne aus Deinen Fehlern!

„Die Menschheit spürt, dass da etwas auf sie zukommt, es liegt in der Luft", fasste ich meine Gedanken zusammen. „Auch wenn wir versuchen, uns mit hektischen und teuren Abwehrmaßnahmen zu verteidigen; wir sind ohne Garantien, dass es auch gelingt. Es ist bedrückend, ja, schlafraubend, die Klimakatastrophe mit Unsummen von Geld aktiv zu bekämpfen und gleichzeitig Abwehrmaßnahmen zu finanzieren, die uns in den nackten Ruin treiben."

Daniel wusste nichts weiter zu entgegnen, als „kämpfen muss man, wer nicht kämpft, hat schon verloren! Dann lieber kämpfend, als untätig untergehen."

Das Jahr 2021 neigt sich dem Ende zu. Als ich vor 100 Tagen anfing, mein Tagebuch zu schreiben, hatte die Hoffnung die Furcht besiegt. Inzwischen fängt die Furcht an, die Hoffnung zu besiegen, ein Paradigmenwechsel mit weitreichenden Folgen und mir fällt der Ausspruch von Rainer-Maria Rilke ein: „Überleben ist alles!"

Sylvester trinke ich kein „Rotkäppchen", sondern einen Magenbitter.

Fußnoten

[1] Es handelt sich um das Buch „Jetzt - Wie wir unser Land erneuern", Ullstein-Verlag Berlin, Juni 2021.

[2] Gemeint ist die SPD-Kandidatin Franziska Giffey, die in Berlin zur Wahl des Abgeordnetenhauses angetreten ist, um Regierende Bürgermeisterin zu werden, trotz aberkanntem Dr.-Titel.

[3] Der Ehemann von A.B.

[4] Jürgen Trittin.

[5] Fraktionsvorsitzende Katrin Göring-Eckardt.

[6] Von den Grünen: Robert und ich, von der FDP: Christian Lindner und sein Generalsekretär, Volker Wissing.

[7] Jürgen Trittin.

[8] Michael Kellner.

[9] FAZ vom 20.09.2021.

[10] In Frankreich spricht man ganz offen von einer „absurden Energiewende der Deutschen".

[11] Zitat von Christian Lindner, Pressekonferenz vom 15.10.2021.

[12] Nach Angaben des Nat. Instituts für Weltraumforschung (INPE).

[13] Davon Deutschland: 637 Mio. t. CO_2 =2% der CO_2-Weltemissionen. Alle Zahlenangaben aus FAZ vom 26.10.2020.

[14] Angaben des Bundesumweltamtes vom Herbst 2021.

[15] Die neueste Generation von Windrädern ist inzwischen mit 81,5 m Flügellänge ausgerüstet.

[16] Wirtschaftsvereinigung Stahl.

[17] Walter Leistikow, 1865-1908, Maler und Mitbegründer der Berliner Sezession.

[18] Madeleine Albright, amerikanische Außenministerin 1997 – 2001,
Condoleezza Rice, amerikanische Außenministerin 2005 – 2009.

[19] Hierbei handelt es sich um grobe Schätzungen mit einer hohen Dunkelziffer. Die wenigsten Länder haben echte belastbare Zahlen veröffentlicht, so dass Fachleute der WHO von einer weitaus höheren Zahl von Corona-Toten ausgehen, die bei etwa 15 Millionen liegen dürfte.

ISBN 978-3-7549-7692-0

9 783754 976920

www.epubli.de